넘버스 스틱!

Making Numbers Count

일러두기

- 이 책은 국립국어원 표준국어대사전의 표기법을 따랐다.

- 용어의 원어는 첨자로 병기하였으며, 독자의 이해를 돕기 위한 옮긴이 주는 괄호에 '— 옮긴이'로 표기하였다.

- 이 책의 미주에는 관련 학술 연구, 사실 및 계산 예시에 대한 링크를 찾아볼 수 있으며, 살펴보면 좋을 또 다른 예시가 제시되어 있다.

- 국내 번역 출간된 책은 한국어판 제목으로 표기하였으며, 미출간 도서는 원어를 병기하였다.

넘버스 스틱!

1초 만에 착 달라붙는 숫자 스토리텔링의 기술

칩 히스 · 칼라 스타 지음 | 박슬라 옮김

웅진 지식하우스

추천의 말

우리는 숫자를 어떻게 이해할까? 숫자 0의 발견은 인류 역사상 가장 위대한 발견 중 하나로 손꼽힌다. 그리고 '이야기'는 개념을 실재와 결합하여 우리의 실감을 강화해주는 마법과 같다. 이 책은 "가장 완벽한 숫자 번역에는 숫자가 전혀 없다"고 말한다. 숫자를 피하면 이야기가 시작된다는 것이다.

저자는 전달하고자 하는 중요한 숫자를 우리의 마음에 "찰싹 달라붙게" 만드는 이야기의 비밀을 흥미롭게 풀어낸다. 데이터를 읽고 그 함의를 전달하기 위해 노력해온 나와 같이, 저자는 심리학, 사회학, 인류학, 경제학 연구로부터 시작했다. 사람들로부터 얻은 정보를, 사람들에 대한 연구를 바탕으로, 사람들에게 제대로 전달하는 법을 연구해온 것이다.

가상화된 경험이 보편화되면서 오히려 오감을 깊이 자극하는 과거의 고객 경험이 크게 부상하고 있다. 이러한 시대, 자신의 메시지를 더 널리 알리고 싶다면 사람들에게 더욱 강렬한 기억으로 각인시킬 수 있는 방법을 고민해야 한다. 자신만의 스토리를 상대에게 어떻게 '착 붙이듯' 각인시킬지 고민하는 이 시대의 모든 분들에게 일독을 권한다.

송길영 • 마인드 마이너, 『그냥 하지 말라』 저자

일 잘 하는 사람이 되기 위해 읽으면 좋을 책을 추천해달라고 요청받는 일이 종종 있는데, 그때마다 빼놓지 않고 이 책의 저자 히스 형제가 쓴 『스틱!』을 추천해왔다. 이제 추천도서에 이 책, 『넘버스 스틱!』을 추가해야겠다. 모호한 숫자로부터 구체적인 그림을 그려내는 법, 일 하는 사람들이 갖춰야 할 필수 교양이다.

우리의 커뮤니케이션은 많은 부분 숫자로 이루어져 있다. 특히 모든 것이 데이터로 측정되는 IT 업계에서는 더 그렇다. 하지만 많은 사람이 숫자를 이해하기 쉽게 말하는 법을 모르고, 듣는 사람들은 그 숫자가 전하는 크기와 중요성을 헤아리지 못한다.

이 책은 이런 숫자 커뮤니케이션의 문제를 해결해준다. 책을 읽고 나면 이렇게 중요한 기술을 알려주는 책이 여태 없었다는 게 이상하게 여겨질 것이다.

장인성 • (주)우아한형제들 CBO, 『마케터의 일』 저자

숫자는 힘이 세다. 어른스러운 글쓰기를 할 때는 숫자를 잘 활용해야 한다. 이력서를 쓸 때, 다른 사람을 설득하는 자료를 만들 때, 숫자는 주장을 탄탄하게 보이도록 지원한다. 그렇다고 해서 숫자가 무조건 옳은 것도 아니다. 인간의 인지 수준에서 1을 10억으로 나눈 것, 10을 100승한 것은 쉽게 와 닿지 않는다. 이 책은 숫자가 갖는 극단적 특성 사이에서 균형 잡는 방법을 알려준다. 숫자로 표현하되 듣는 사람에게 그 숫자가 딱 달라붙도록 하라. 숫자가 청자聽者를 배려하는 소비자 지향적 커뮤니케이션의 핵심이 되어야 한다.

전미영 • 트렌드코리아컴퍼니 대표, 서울대 소비트렌드분석센터 연구위원

고백한다. 나는 숫자를 싫어한다. 문제는 지금 세상은 빠르게 디지털화 되어 가고 있고, 하이테크 기술의 발전은 엄청난 속도로 다양한 데이터를 우리가 다양한 방식으로 이용할 수 있도록 해주고 있다는 점이다. 이제는 '감感'이 아니라 과학적으로 산출된, 숫자를 기반으로 의사결정을 하고 전략을 세워야 하는 세상이 열렸다.

나처럼 태생적으로 숫자를 싫어하지만, 동시에 업의 특성상 많은 데이터를 들여다보고, 이를 인사이트 있는 정보로 재가공해야 하는 사람들이 반드시 읽어야 할 책이 나온 듯하다. 더 많은 데이터를 분석할수록, 더 많은 숫자들이 튀어나올 것이고, 이를 기반으로 한 현상 설명이 더 복잡해진다. 그럴 때 칩 히스 교수가 수년에 걸쳐 검증해온, 다양한 친 인간적인 방식의 숫자 전달 전략들이 우리를 구원해줄 것이다. 결국, 숫자가 중요한 것이 아니라, 그 숫자를 어떻게 좀 더 인간적인 방식으로 잘 전달할 것인가가 더 중요하다는 점을 이 책은 이야기해준다.

이승윤 • 건국대 마케팅 분과 교수, 디지털 문화 심리학자

『넘버스 스틱!』을 읽고 4년 차 유튜버인 나는 내 채널의 가장 많은 조회수를 기록한 영상 10개 중 무려 7개의 영상이 제목과 섬네일에 숫자가 들어가 있다는 걸 알게 되었다. 구독자수, 조회수, 연수입, 나이, 경력 등의 숫자는 나의 말에 힘을 실어주며 단숨에 사람들을 설득시킨다. 이 책을 통해 본인만의 '스티커 숫자' 스토리를 찾아 활용해보길 바란다.

드로우앤드류 • 유튜버, 『럭키 드로우』 저자

가장 절묘한 시기, 최적의 팀이 만든 숫자 문맹 퇴치법이다. 심리학자와 저널리스트가 함께 수학을 이해하고 전달하기 위한 정말 중요하고 놀랍도록 실용적인 기술을 제시한다.

애덤 그랜트 • 펜실베이니아대학교 와튼스쿨 조직심리학 교수, 『싱크 어게인』 저자

간결하고 활기차고 실용적이다. 260쪽에 불과한 이 책은 고속열차를 타고 뉴욕에서 출발할 때 읽기 시작했다면 보스턴에 도착할 때쯤이면 다 읽을 수 있다. 미주를 정독할 시간이 여의치 않다면 부록에 정리된 조언을 읽고 핵심 메시지를 숙고해보라. '너무 크지 않은 정수를 사용할 것! 숫자는 작을수록 좋다.'

《월스트리트저널》

매우 재미있는 책! 극단적인 숫자 전환의 훌륭한 예와 건조한 숫자를 소화하기 쉬운 숫자로 제시하는 인상적인 예로 가득 차 있다.

《CEO투데이》

차례

1장 | 모든 숫자를 번역하라
숫자라는 외국어에 접근하는 법

2장 | 일상에 가까운 숫자를 찾아라
친숙하고 구체적이며 인간적인 숫자로 만들기

3장 | 숫자에 감성을 얹어라

숫자로 사고와 행동을 바꾸는 법

4장 | 숫자를 미니어처로 만들어라

다루기 쉬운 숫자는 따로 있다

복잡한 숫자, 피할 수 없다면
제대로 써라

우리 두 저자는 어릴 적부터 숫자를 사랑했다. 『기네스북』이라는 굉장한 책 덕분이었다. 이 책은 화분만큼 커다랬고 그보다 네 배는 무거웠으며, 말 그대로 '깨알 같은 글씨'로 적혀 있었지만 온갖 신기하고 놀라운 정보와 이야기, 그리고 무엇보다 **숫자**로 가득 차 있었다. 세계에서 가장 큰 호박의 무게는 1,190킬로그램이다. 세계에서 가장 빠른 동물은 시속 389킬로미터로 날 수 있는 매다. 단 한 번의 호흡으로 물속에서 재주넘기를 가장 많이 한 사람은 캘리포니아주 로스앤젤레스에 거주하는 랜스 데이비스 Lance Davis 인데, 재주넘기를 자그마치 36번이나 했다.

우리는 눈이 휘둥그레질 정도로 매혹적이고 다양한 숫자들과 영원한 사랑에 빠졌다. 세상은 숫자로 가득하다. 운동선수부터 기후과학자, 마케팅 전문가에 이르기까지 사람들은 숫자를 사용해 일을 하고, 주장을 펼치고, 다른 이들에게 변화를 촉구한다.

하지만 이렇게 사방에 숫자가 넘실대고 다른 사람들은 모두 숫자에 익숙하고 통달한 것 같건만, 나만은 예외인 것 같다. 학창 시절 적절한 수업을 듣지 않았거나 수학적 머리가 부족하거나 아니면 평범한 사물을 이해하고 사용하는 데 늘 불리한 처지여서 그런걸까?

비밀을 하나 말하자면, 사실 숫자를 제대로 이해하는 사람은 아무도 없다. 아무도! 말이다.

이건 그냥 우리가 인간이기 때문이다. 인간의 뇌는 **아주 작은** 수만 다룰 수 있게 진화했다. 우리가 한눈에 알아볼 수 있는 수는 1, 2, 3 정도고, 운이 좋다면 4와 5까지 구분할 수 있다. 아동용 숫자놀이 책만 봐도 알 수 있다. 금붕어 세 마리 그림을 보면 우리 뇌는 숫자를 세지도 않고 곧장 "3!"이라고 외친다. 이를 **즉시세기(직산)**subitizing[1] 라고 하는데, 숫자 체계가 발명되기 훨씬 전부터 우리 뇌가 갖고 있는 능력이다.

실제로 인류 역사상 대부분의 언어에서 숫자 1, 2, 3, 4, 5에는 고유한 이름이 있다. 그러나 그 이상을 넘어가면 따로 명칭이 있는 숫자는 줄고 나머지 모든 수(6과 7부터 억, 조에 이르기까지)가 '많은'처럼 일반 단어에 의존한다.[2] 5 이상의 수를 지칭하는 단어가 없는 문화권에서 의사소통을 하려면 얼마나 어려웠을지 상상해보라.

#장면 1

"오늘 우리 부족 사람들이 먹을 달걀 넉넉해?"

"달걀은 많아. 하지만 사람도 많지. 그러니까 식사 때가 되어야 알 것 같아."

#장면 2

"깃털 목걸이에 쓸 피스타치오가 많다고 나한테 그랬잖아."

"응, 많아."

"그래, 하지만 아주, 아주 많이 있어야 한단 말이야."[3]

감정적인 답답함을 넘어, 중요한 계획을 설명할 숫자가 부족할 때 발생할 수 있는 무수한 비극을 상상해 볼 수 있다.

#장면 3

"여러 번 말했잖아, 사막을 건너려면 많은 거리를 가야 해. 많은 날 이 걸릴 테니까 물을 많이 가져가는 게 좋아."

"많이 가져왔는데."

"충분히 많지 않아! 이거 봐, 우리가 오아시스에 도착하기 전에 갈 증으로 죽을 가능성이 얼마나 많을까?"

"어, 별로 많지 않을 것 같아."

인간이 숫자를 계산하는 도구를 발명하게 된 것은 엄청난 진보 였다. 먼저 수를 세는 체계(돌에 금 긋기, 매듭 만들기, 막대기), 그다음은 숫자(455와 45만 5,000), 그리고 수학이다.[4] 그러나 수학의 문화적 기반이 갖춰지는 동안에도 인간의 두뇌는 여전히 생물학적 관점을 유지했다. 문화적으로 아무리 훈련을 한들―대학 교육까지 받았다고 해도―수학은 그저 투박한 하드웨어 위에 씌운 세련된 최첨단 소프트웨어다. 그럭저럭 작동은 하지만 결코 우리의 본능이 될 수는 없다. 억, 조, 경, 무량수…… 대충 다 똑같이 많은 수로 보여도 사실은 각자 전혀 다른 수다. 그럼에도 1, 2, 3, 4, 5까지만 직관적으로 이해할 수 있게 설계된 우리의 뇌는 그 이상의 수는 "많다"라는 말로 뭉뚱그릴 뿐이다.

'100만'과 '10억'의 차이를 쉽게 이해할 수 있는 실험이 있다. 친구와 함께 어마어마한 당첨금이 걸린 뽑기 게임에 참가하게 됐다고 상상해보자. 다만 조건이 하나 있는데, 뽑기에 당첨되면 상금으로 받은 돈이 다 떨어질 때까지 날마다 5만 달러(약 6,570만 원―옮긴이)를 써야 한다. 그러곤 당신은 100만 달러에 당첨되었고, 친구는 10억 달러에 당첨되었다. 당신과 친구가 당첨금을 전부 다 쓰는 데는 얼마나 걸릴까?

백만장자가 되더라도 돈을 마음껏 쓸 수 있는 기간이 얼마나 순식간에 끝나는지 알면 깜짝 놀랄 것이다. 매일 5만 달러를 써대면 당신의 100만 달러는 고작 20일 후면 바닥난다. 가령 추수감사절에 당첨금을 받았다면 크리스마스가 되기 한 주 전에 돈이 다 떨어질 것이다. (미안, 조카야. 네 선물을 사기도 전에 돈을 다 써버렸단다. 대신에 음료수에 우산도 꽂아줬잖니!)

한편 10억 달러를 받은 친구는 더 오래 버틸 수 있다. 하루 5만 달러씩 쓰면서 무려 55년 동안 지낼 수 있다![5]

55년이라니, 자식을 보고 손주까지 다 자랐을 시간이다. 대통령이 바뀌는 것을 열네 번이나 볼 수 있고, 어쩌면 드디어 차량관리국으로부터 면허증을 반납하라는 연락을 받을지도 모른다!

10억(1,000,000,000)은 숫자다. 우리는 종이 위에 적힌 숫자를 읽을 수 있기 때문에 그 의미를 안다고 막연히 생각할지 모른다. 하지만 이 숫자에는 0이 너무 많아 뇌가 몽롱해지는 것 같다. 이건 그냥 아무 의미도 없이 '엄청나게 많은 수'일 뿐이다. 10억이 100만보다 얼마나 많은지 비교해본 후에야 우리는 비로소 이 숫자의 거대함에 놀라게 된다.

당신 친구가 55년 동안 날마다 5만 달러씩 쓰는 모습을 상상해보라. 당신은 이 숫자가 얼마나 거대한지 알게 되었을 뿐만 아니라 뼈저리게 실감까지 나서 질투심이 폭발할 것이다.

이 책은 단순한 관찰 결과에 바탕을 두고 있다. 숫자를 직관적으로 인식 가능한 인간적 경험으로 변환하지 않으면 우리는 정보를 제대로 받아들이지 못한다. 올바른 결정을 내리는 데 도움이 될 올바른 숫자를 산출하기 위해 아주 열심히, 때로는 안간힘을 다해 노력하지만 막상 숫자가 의사결정자의 마음속 깊이 확고히 자리 잡지 못하면 노력은 전부 수포로 돌아가고 만다. 숫자를 사랑하는 우리 눈에 그것은 크나큰 비극이다. 사람들에게 세상에서 가장 중요하고 의미 있는 일들—빈곤 퇴치, 질병과의 전쟁, 우주의 크기 측정, 상심한 10대 청소년에게 살면서 얼마나 자주 사랑에 빠지게 되는지 말해주는 것—을 이해시키기 위해 각고의 노력을 다했건만 숫자를 번역하는 데 실패하는 바람에 모든 게 헛고생이 되는 것이다.

그래서 스탠퍼드대 경영대학원 교수인 칩 히스와 과학전문 기자인 칼라 스타는 생각했다. 숫자를 번역하는 법을 가르쳐주는 책이 있어야 하지 않을까?

하지만 놀랍게도, 그런 책은 없었다. 보기 좋고 설득력 있는 그래프를 그리는 방법에 관한 책도 있고 복잡한 인포그래픽을 쉽게 이해하는 방법을 설명하는 책도 있는데 숫자를 이해하기 위한 기본적인 데이터 처리 과정, 즉 사람들이 직관적이고 정확한 용어로 숫자를 이해하게 돕는 지침서나 글쓰기 가이드는 존재하지 않았다.

사람들이 숫자를 두려워하는 것은 그 처리 과정을 이해하지 못하기 때문이다. 우리 중 절반은 숫자를 보면 이렇게 말한다. "전 디자이너/교사/변호사라서 숫자엔 약해요." 그게 무슨 흡혈귀를 쫓아내는 주문이라도 되는 양 말이다. 그리고 나머지 절반은 숫자를 제시해서 미안하다며 웅얼거리고는 우리가 남들 조롱을 받지 않고 조용히 계산하러 깊숙한 지하 동굴로 기어 들어가기 전에 재빨리 프레젠테이션을 이어나간다.

우리 저자들이 하고 싶은 말은, 우리 역시 별로 다르지 않다는 것이다. 만약 숫자를 다른 형식으로 번역할 수 있다면 지금보다 훨씬 더 많은 사람들이 스스로 숫자에 강하다고 자신감을 얻게 될 것이다. 사실 우리에겐 선택의 여지가 없다. 우리 모두는 살면서 숫자를 **자주** 접한다. 재정 상황을 검토하고 일정을 관리하고 대중교통을 이용하고 가계부를 관리하고……. 숫자는 우리의 일상생활 모든 곳에 존재한다. 숫자와 관련해 능숙한 의사결정을 내릴 수도 있고 어둠 속에 갇혀 숫자에 까막눈으로 지낼 수도 있지만, 어쨌든 이런 세상에서 벗어날 길은 없다. 우리가 할 수 있는 일은 그저 숫자를 이해할 수 있을지 자문하는 것뿐이다.

하지만 그건 꽤 재밌을지도 모른다. 어쨌든 『기네스북』은 딱딱한 학술서가 아니니까.[6] 원래 이 책은 술집에서 술꾼들이 내기할 때 써먹으라고 만든 책이다(그래, 그 기네스다. 얼마나 걸쭉한지 거품에 스푼을 꽂아 세울 수도 있는 흑맥주 말이다).

하지만 일단 숫자를 더욱 효과적인 방식으로, 그리고 효과적이지 않은 방식으로 번역한 예시를 살펴보자. 우리의 첫 타자는 상당히 놀라운 통계 수치다.

미국 정부는 아동에게 하루 다섯 접시의 과일과 채소 섭취를 권장하는 파이브어데이5 A day 캠페인을 실시하고 있다. 그런데 맥도널드는 이 캠페인의 350배에 달하는 예산을 광고에 지출한다.[7]

이 문장을 읽은 사람은 미국 정부 캠페인과 맥도날드의 광고 예산이 어마어마하게 차이가 난다고 느낄지도 모른다. 하지만 실제로 우리가 본 것은 '많다'의 한 가지 표현일 뿐이다. 우리는 패스트푸드 회사가 막대한 예산을 보유하고 있다는 걸 안다. 그들이 건강과 관련된 메시지에 많은 돈을 쓰고 있다는 것도 안다. 하지만 20배 더, 143배 더, 350배 더 많은 돈을 쓴다고 해서 그게 뭐가 중요하단 말인가?

숫자가 커질수록 우리는 둔감해진다. 현상 심리학자들은 이를 '정신물리학적 무감각'[8]이라고 부른다. 10에서 20 사이의 변화는 크고 중요하게 느껴질지 몰라도 340에서 350으로의 변화는 물리적으론 같은 차이인데도 별 느낌이 없다. '무감각'해진 것이다.

이 책의 목표는 이런 무감각함을 극복할 요령을 가르치는 것이다. 당신은 심리학의 원리를 이용해 다른 사람들이 숫자를 이해하고 그에 따라 행동하게 도울 수 있다. 그리고 그렇게 하기 위해서는 숫자를 번역해야 한다.

글이나 문장을 다른 언어로 번역하는 방법은 다양하다. 어떤 이들은 전반적인 의미를 중요시할 것이고 어떤 이들은 더 정확하게 단어 대 단어로 옮기는 방법에 집중할 것이며, 어떤 이들은 미적 측면을 더 중요하게 여길지도 모른다. 숫자를 번역할 때도 마찬가지다. 위의 예시를 보다 이해하기 쉽게 옮기는 데는 두 가지 방법이 있다.

> 맥도널드는 파이브어데이 캠페인의 350배에 달하는 예산을 광고에
> 지출한다.

> 아이들이 맥도널드 광고를 5시간 50분 시청한다면, 파이브어데이 캠
> 페인 광고를 접하는 시간은 겨우 1분이다.

두 번째 번역문이 더 낫다. 왜냐하면 "예산을 지출한다"보다 아동
에게 더 초점을 맞추고 있기 때문이다. 예산 지출이 시간으로 변환되
었고, 350이라는 숫자는 시간과 분으로 나뉘어 더 구체적이고 더욱
더 터무니없게 압도적으로 느껴진다.

여기서 더 다듬을 수도 있다. 5시간 50분은 상당히 긴 시간이고
아이들은 광고를 그렇게 오랫동안 보지 않는다. 텔레비전 앞에 앉아
광고만 줄곧 보는 것도 아니고, 프로그램 중간중간에 가끔 볼 뿐이
다. 아래는 이러한 사실들을 고려한 것이다.

> 맥도널드는 파이브어데이 캠페인의 350배에 달하는 예산을 광고에
> 지출한다.

> 아이들이 하루 한 번 맥도널드 광고를 볼 때, 파이브어데이 캠페인
> 광고를 한 번 보려면 거의 1년을 기다려야 한다.

마지막 번역문에서 시간은 단순한 숫자보다 더 실감 나게 다가온다. 우리는 하루가 얼마나 긴지 경험적으로 알고 있다. 1년이 얼마나 긴 시간인지도 안다. 아주 어린 아이들조차 생일파티를 하려면 아주 **기이이이이이이인** 시간을 기다려야 한다는 것을 안다. 숫자를 시간으로 번역하면 더욱 근본적으로 이해할 수 있다. 아무도 "난 달력 보는데 약해"라고 말하지는 않으니까.

(그건 그렇고, 앞으로 위처럼 '음영' 처리된 상자를 자주 보게 될 것이다. 상자 하나에 주로 두 개의 번역이 제시된다. 하나는 일반적으로 숫자를 제시할 때 쓰는 방식이고 다른 하나는 우리가 사용하는 방식으로 숫자를 더 간단하고 이해하기 쉽게 번역한 것이다. 우리가 추천하는 번역은 항상 음영 처리된 상자이며, 주로 아래 배치된다.)

팁 | 단순히 창의적인 아이디어가 필요하다면 책장을 휘리릭 넘기며 예시만 봐도 좋다. 번역 기법이 적용된 예시를 읽는 것만으로도 대충 요령을 파악할 수 있을 테니까. 자, 책을 차근차근 읽기 전에 먼저 '짙은 색' 상자 속 내용을 훑어보도록.

맥도널드에 대한 번역문은 앞으로 이 책에서 수없이 접하게 될 예시 중 하나다. 인간의 뇌는 '112배'(또는 '100만') 같은 숫자를 바로 인식하지 못하지만 문화적으로 훈련된 뇌의 일부분은 이해하기 어려운 숫자에도 상당히 익숙하다. 따라서 112라는 숫자를 시간(1시간 52분)이나 날짜(거의 네 달 동안 매일)로 옮기면 더 쉽게 이해할 수 있다. 우리는 수년간 이 원리에 대해 연구한 끝에 아무리 골치 아픈 숫자에도 쉽게 기억하고 이용하고 다른 사람들과 논할 수 있는 무언가—비유, 비교, 다른 측정 단위—로 변환할 수 있는 요소가 있다고 확신하게 되었다.

맥도널드 예시는 이 책에서 다룰 30개 이상의 숫자 번역 기법 중 하나다. 앞으로 장마다 간단한 개념을 소개하고 비즈니스나 과학, 스포츠와 관련된 예시를 통해 설명한 다음, 미묘한 뉘앙스 차이에 대해 알아볼 것이다. 이 책은 기본적으로 일종의 훈련 매뉴얼이며(번역을 처음 하는 경우), 중요한 숫자를 번역해야 하지만 좋은 아이디어가 떠오르지 않아 답답할 때 필요한 '영감'을 위한 참고 자료로 사용할 수도 있다.

이러한 기법은 어디서 시작됐을까? 칩은 지난 15년간 아이디어를 스티커처럼 찰싹 달라붙게 만드는 방법에 대해 강의했다. 그는 주로 MBA 학생들을 가르쳤는데, 때로는 물리학자와 예술가, 해군 장교, 과학자도 있었다. 그는 강의에서 될 수 있으면 숫자를 피하라고 충고했다. 그러던 어느 날, 한 학생이 반론을 제기했다. "난 투자 전문 은행가입니다. 내 모든 아이디어는 숫자와 관련이 있어요. 숫자를 빼면 말을 할 수가 없단 말입니다." 그래서 그 해에 칩은 숫자를 찰싹 달라붙게 만들 방법에 관한 강의를 추가했다.

숫자 스티커 메시지 강의의 첫 번째 수업은 시행착오 중에서 '착오'에 해당했다. 칩은 학생들에게 일련의 건조한 통계 자료를 제시한 다음, 한 시간 안에 숫자를 번역해보라고 지시했다. 결과는 그리 고무적이지 못했다. 아니, 그보다 훨씬 나빴다. 끔찍했다. 분석에 익숙한 MBA 학생들은 숫자를 이해하기 쉽게 만들기보다 오히려 느슨하게 관련된 영역에서 지나치게 복잡한 비유를 끄집어내 숫자를 더 난해하게 만들거나 덜 중요해 보이게 만들었다.

칩은 학생들이 숫자로 소통하는 숫자 스티커 메시지의 기본 원리를 터득하길 바라며 계속해서 수업 방식을 수정해나갔다. 어쨌든 이들은 날마다 숫자를 다루는 MBA 학생들과 엔지니어들이었으니까. 그는 숫자의 이해와 소통에 관한 아이디어를 너무 성급하게 공유해 그들의 창의성을 제한하고 싶지 않았다.

그러다 마침내 칩은 학생들이 스스로 깨닫도록 뒤에서 기다리기를 포기하고 몇 가지 기본 원칙을 설명한 다음 연습 활동에 들어갔다. 그러자 바로 결실이 나타났다. 학생들은 개념을 금방 이해했을 뿐만 아니라 몇 가지 훌륭한 응용 방법마저 고안해냈다.

숫자 스티커 메시지를 만드는 기본 원칙은 매우 간단하지만 그렇다고 뻔하지는 않다. 일단 원리를 알고 나면 뻔하게 느껴질지도 모르지만 말이다. 처음 깨우치긴 어려워도 기억하기는 그렇게 어렵지 않다. 어쨌든 여기서 중요한 것은 반복해서 사용할 수 있는 기본 원칙이 **존재한다**는 것을 깨닫는 것이다.

그 수업은 학기 중에 가장 신나는 시간이 되었다. 누군가 기발한 번역을 생각해낼 때마다 학생들은 교실을 뒤흔들 듯 "오오오오~~!" 하며 탄성을 질렀다. 이 책의 뒷부분에 등장하는 한 학생 그룹은 비범한 번역으로 박수갈채를 받기까지 했다!

이 책을 쓰는 과정에서 우리는 하나에만 국한되지 않고 그물을 넓게 던지는 데 따른 이점을 십분 활용했다. 심리학과 인류학, 사회학 같은 다양한 사회과학 분야를 탐구했고, 수학 능력의 발달(그리고 인간의 결함)에 관한 책과 논문을 읽었다. 전 세계 다양한 문화권의 수 체계에 대한 인류학자들의 연구를 살펴보고 숫자를 세는 방법에 관한 역사와 과학, 언론 매체를 뒤졌다.

우리는 수년에 걸쳐 MBA 학생들과 공대생, 뉴욕 시민 등 지구 상에서 가장 회의적이고 분석적인 청중의 도움을 받아 테스트를 거쳤다. 우리가 생각해낸 이 기법은 기본적인 수학을 배운 사람이라면 누구나 사용할 수 있다. 심지어 중학생도 문제없다.

이 책은 간단한 수 이해력이나 산술 능력만 있다면 누구나 쉽게 이해하고 활용할 수 있다. 단순한 계산기(커다란 숫자 버튼만 있는 구식 계산기여도 괜찮다)로 해결할 수 없는 수준의 수학은 전혀 필요 없으니 안심해도 좋다.

안타깝게도, 어쩌면 이 책은 숫자를 번역할 수 있다는(그리고 그래야 한다는) 것을 알려주는 최초의 책일지도 모른다. 생각해보라. 학교에서 우리는 기수와 다항 인수분해, 그리고 수많은 수학식을 억지로 공부했지만 막상 숫자로 소통하는 방법에 대해서는 아무것도 배우지 못했다. (깜짝 퀴즈! 일터에서 정말로 중요한 기술은 뭘까?)

이 번역 원칙은 어렸을 적 『기네스북』을 좋아했고 수학 수업을 추가로 들은(그리고 좋아한) 보기 드문 숫자 애호가에게도 똑같이 귀중하게 느껴질 것이다. 전문가들은 종종 자신의 뛰어난 능력에 익숙해진 나머지 우리가 그들과 같은 일을 하려면 얼마나 많은 노력이 필요한지 잊어버리곤 한다. 학계에서는 그것을 '지식의 저주'[9]라고 부르는데, 이는 원활한 의사소통을 방해하고 다니는 강력한 악당이다. 익숙한 노래에 맞춰 손가락으로 책상을 두드리는 음악가, 충격적인 그래프를 제시하는 통계학자, '너무도' 흥미로운 냄새를 맡고 주인에게 경고하려고 짖어대는 강아지 등등, 전문가들은 그들이 아는 것에 대해 커뮤니케이션하려 할 때 남이 자신의 심성 모형mental model을 얼마나 이해할 수 있는지 과대평가하는 경향이 있다.

이 책에서 제시하는 훈련들은 우리의 타고난 본능에 따라 작동되기 때문에 지식의 저주를 받은 전문가가 전문 지식을 축복으로 변화시키는 데 도움이 된다. 수학은 인간의 뇌가 직관적으로 이해하지 못하는 세상의 진실을 폭로할 수 있다. 수학을 사용할 수 있다는 것은 중요한 기술을 갖추고 있다는 뜻이다. 수학을 쉽고 명확하게 구사해 막연하고 모호한 무언가를 다른 사람도 이해하고 느낄 수 있게 만들 수 있다면 초능력을 지닌 것이나 다름없다. 슈퍼맨의 능력이 벽 너머를 투시하는 것이라면, 수학을 쉽고 명확하게 다루는 능력은 벽을 투명하게 만들어 다른 모두가 벽 너머에 무엇이 있는지 보게 하는 것이다.

비전문가의 경우, 숫자를 번역하는 단순한 요령을 이해하는 것만으로도 유도나 주짓수 기술을 배우는 것과 비슷한 효과를 얻을 수 있다. 즉 자신보다 뛰어난 사람과 싸울 수 있는 최소한의 기술을 손에 넣는 것이다. 올바른 번역을 이끌어내려면 일단 올바른 질문을 던져라. "더 구체적으로 표현해주시겠습니까?" "직원 1인당 하루 얼마입니까?" "이 도표가 총예산을 의미한다면 이 정도 비용은 얼마나 되는지 사각형으로 표시해주실 수 있나요?" 이러면 다시 게임에 참가할 수 있다. 상대방은 더는 숫자를 마구잡이로 내던지며 당신의 눈을 가리지 못할 것이다. 뚜렷한 신념을 지닌 분석주의자들은 드디어 수준에 맞는 스파링 파트너를 만났다고 좋아할 것이며, 예술가 타입으로 보였는데 예리한 수학적 감각을 지녔다며 인사과 담당자가 당신의 반전을 반길 것이다.

이런 능력의 혜택을 누리지 못할 사람은 없다. 소비자 제품 테스트에 필요한 예산을 따고 싶은 매니저, 우주의 두 점 사이의 거리를 측정하고 싶은 과학자, 광고 캠페인의 예상 가능한 홍보 효과를 입증하려는 마케터, 매일 연습 시간을 몇 분씩만 늘리면 얼마나 큰 도움이 될지 선수를 설득하려는 운동 코치……. 우리가 사는 세상에는 직관의 범위를 넘어서는 숫자들이 점점 더 넘쳐나고 있다. R&D부터 고객 서비스에 이르기까지 비즈니스 분야는 물론, 거의 모든 인간 활동의 중심에도 말이다.

지금 우리는 주로 숫자를 이해하는 능력으로 성공 여부가 결정되는 세상에 살고 있다.

1장

모든 숫자를
번역하라

숫자라는 외국어에 접근하는 법

모든 숫자는
번역할 수 있다

평소 숫자를 얼마나 잘 다루는지 간단히 테스트해보자. 당신이 쓴 편지, 서류, 또는 파워포인트 자료를 훑어보며 숫자가 나올 때마다 동그라미를 치고, 앞뒤 내용을 살펴 그 숫자를 번역한 대목이 있는지 찾아보라.[1] 예를 들어 아래의 문구 같은 것 말이다.

"특정 상황을 예를 들어 말하자면······"

"간단히 설명해서······"

"이것이 의미하는 바는······"

"이런 식으로 생각할 수 있는······"

"그 의미는······"

"비교하자면······"

이런 문구가 보인다면 본문의 숫자는 당신의 주장이 설득력을 얻는 데 도움이 되었을 것이다. 그렇지 않다면 당신은 숫자를 낯선 외국어마냥 던져놓기만 하고 번역은 소홀히 한 것이다. 마치 일본어를 "다레카니 가이와니 하이레나이토 간지사세루 코토하 시츠레이데스"라고 그대로 남겨두는 것처럼 말이다.

미국이고 일본이고 어떤 문화권에서도 숫자는 인간에게 자연스러운 언어가 아니다. 데이터베이스라면 몰라도 토론이나 프레젠테이션에서 숫자를 사용하고 싶다면 인간의 언어로 번역해야 한다.* 마이크로소프트 리서치 Microsoft Research의 선임 수석 연구원 제이크 호프먼 Jake Hofman과 댄 골드스타인 Dan Goldstein도 그와 같은 강력한 신념을 지니고 있었기에, 그들이 세운 단순한 목표를 위해 자그마치 10년이라는 시간을 들여 시각엔진 Perspective Engine이라는 프로젝트를 추진했다.[2] 그 목표란 바로 사람들이 숫자를 쉽게 이해하도록 돕는 도구를 개발하는 것이었다(마이크로소프트의 시각엔진은 파워포인트 슬라이드 내에 복잡한 수치를 이해하기 쉬운 정보로 재해석해주는 기능으로 추가되었다. '시각엔진'보다는 '해설/설명 엔진'이라는 번역이 의미상 더 정확하지만, 이미 널리 사용되고 있어 본문에서는 시각엔진이라고 표기한다 —옮긴이).

마이크로소프트의 검색 엔진 빙 Bing은 사용자들의 검색 요청에 따라 하루에도 수백만 개의 사실 정보를 전달한다. 시각엔진 개발팀은 맥락에 기댄 간단한 설명을 추가하면 사람들이 숫자 검색 결과를

● 앞에 나온 일본어 문장이 궁금해도 잠시 기다려주길 바란다. 그리고 기다리는 동안 어떤 기분이 들었는지 그 심정을 잊지 말자.

이해하고 기억할 수 있는지 파악하고자 했다.

그들이 한 일은 아주 단순했다. 단순히 파키스탄의 면적이 88만 제곱킬로미터라고만 제시하는 게 아니라 '캘리포니아주의 두 배'처럼 간단한 '재해석 설명'을 덧붙인 것이다.[3] 그런 다음 사람들이 몇 분에서 몇 주에 달하는 다양한 기간 동안 사실 정보를 얼마나 잘 기억하는지 테스트를 통해 확인했다.

그중에서도 특히 몇몇 재해석 설명은 뛰어난 효과를 발휘했는데, 평소 잘 알고 있는 국가나 다른 주와 비교하면 정보를 더 잘 기억했다. 그리고 이런 재해석 설명은 **언제나** 없는 것보다는 나았다. 다소 장황한 비교를 했을 때도 달랑 숫자만 전달할 때보다 효과적이었다.

실제로 이런 설명을 하나씩 추가할수록 정보를 잘못 기억하는 오류율이 절반으로 줄었다. 그렇다고 모든 사람이 정답을 맞힌 것은 아니다. 사람들은 여전히 실수를 저질렀다. 다만 적어도 그 실수가 다트판과 한참 떨어진 벽을 맞추는 정도가 아니라 다트판을 맞추는 데 성공했다는 의미다.

숫자 번역에 약간의 맥락을 추가하는 것만으로도 기억의 정확도가 두 배나 증가했다는 건 눈알이 튀어나올 만큼 엄청난 결실이다. 더 쉽게 번역하자면, 투자자들이 회사 수익평가 회의에서 중요 지표를 두 배 더 잘 기억할 수 있다면 CFO가 얼마나 많은 돈을 기꺼이 쓸지 상상해보라. 아니면 역사 교사가 학생들이 중요한 역사적 사건을 두 배 더 잘 기억하게 하기 위해 얼마나 많은 노력을 쏟아부을까?

하지만 여기서는 그저 손가락을 한 번 튕기기만 하면 된다. 숫자 번역은 끝내주는 품질관리 도구 그 이상이다. 인간관계를 더 강력하고 확고하게 구축하는 데도 도움이 되기 때문이다. 사람들은 숫자를 '이해'하지 못하면 정보 자체를 잊어버리는 것은 물론이요, 당신과 당신이 전달하고자 하는 프레젠테이션 내용으로부터 멀어질 수 있다. 귀를 닫고 핵심 메시지를 놓친다. 설상가상으로 공감대를 형성하지 못했기에 '당신'의 주장을 듣지도 않고 무시할 수도 있다. (숫자를 다루는 책에서 인간관계에 대한 조언을 들을 줄은 상상도 못 했을 것이다!)

"다레카니 가이와니 하이레나이토 간지사세루 코토하 시츠레이데스." 이 말은 "누군가 대화에서 소외된 것처럼 느끼게 하는 것은 무례한 행동이다"라는 뜻이다. 앞에서 이 문장을 번역해주지 않았을 때 당신도 조금이나마 그런 기분을 느꼈을 것이다. 고상하고 세련된 레스토랑에서, 가식적인 디너파티에서, 또는 친구가 나만 빼고 자기들끼리만 아는 농담을 할 때마다 뼈저리게 느꼈던 그 기분 말이다.

숫자는 모든 사람이 이해했을 때만 재밌다. 그러니 착하고 좋은 이웃이 되도록.

자, 숫자를 번역해보자!

숫자를 피하라

"숫자를 피하라." 어쩌면 이 충고를 듣고 깜짝 놀랐을 것이다. 요리책 첫 페이지에서 "음식에서 떨어져라"라고 경고하는 것과 뭐가 다를까. 하지만 숫자를 번역하는 이유는 **메시지**를 전달하기 위한 것이고, 그 목표를 이루는 데 항상 숫자가 필요한 것은 아니다.

장기간 해외여행을 다녀온 적이 있다면 귀국해 공항에 도착했을 때 표지판에 적힌 익숙한 언어를 보고 묘한 안도감을 느꼈을 것이다. '수하물 찾는 곳', '푸드코트', '나가는 곳'이라는 모국어가 왜 이리도 반가운지.

수학은 누구의 모국어도 아니다. 기껏해야 제2외국어에 가깝고, 학교에서 수업을 듣고 후천적으로 습득한 것이다. 중요한 메시지를 수학의 도움 **없이** 친숙한 모국어로 전달할 수 있다면 그보다 더 좋을 수는 없을 것이다.

숫자를 번역하는 비결은 간단하다. 최대한 숫자를 사용하지 않는 것이다. 숫자가 필요 없을 만큼 구체적이고 생생하고 의미 있는 메시지로 번역하는 것이다.

다음은 저자 중 한 명인 칼라 스타가 중학 시절 과학 수업에서 접한 번역이다. 이 번역은 학생들에게 지구의 대부분이 물로 덮여 있지만 그중 마실 수 있는 물은 아주 적은 양에 불과하다는 사실을 이해시킨다. 먼저 숫자 중심적인 통계를 보자.

전 세계 수자원의 97.5%가 바닷물이다. 담수는 2.5%에 불과하며 그중 99% 이상이 빙하와 설원에 눈과 얼음의 형태로 갇혀 있다. 전체적으로 인간과 동물이 마실 수 있는 물은 지구상에 존재하는 모든 물의 0.025%에 불과하다.[4]

원본 통계는 설득력은 있지만 수치를 기억하기가 어렵다. 하지만 칼라는 이 숫자들을 아래와 같이 단순하고 구체적인 사고실험으로 번역한 문장을 20년이 지난 지금까지도 기억하고 있다.

물을 가득 채운 4리터 물병과 각얼음 세 개가 있다. 물병에 든 물은 전부 소금물이다. 얼음 조각은 담수다. 사람들은 얼음이 녹은 물방울만 마실 수 있다.

이 메시지를 소개하는 이유는 칼라가 세상에 대한 깊은 진실을

"알았을 때" 받은 충격과(그럴 만도 했다) 이 비유를 부모님과 형제자매, 그리고 다른 어른들에게 말해주고 그들의 놀란 표정을 보며 느낀 즐거움을 아직 기억하고 있기 때문이다.

여기서 잠깐, 이 물병 번역을 처음으로 해낸 선생님이나 과학자, 아니면 기자에게 경의를 표하자. 이 메시지는 숫자가 필요 없을 만큼 단순하고, 중학교 때 똑같은 정보를 배운 어른들한테도 술렁임을 일으킬 만큼 심오하다.

숫자를 좋아하는 사람이 아니라면 이 번역의 의미가 바로 와닿을 것이다. 첫 번째 글을 읽은 사람은 여러 백분율 기호와 작은 소수점 표시에 질려버릴 수 있다. 어쩌면 책을 내려놓고 더는 읽고 싶지 않다고 생각했을지도 모르겠다.

반면에 물병에 비유한 번역은 쉽게 이해할 수 있을 뿐만 아니라 다른 사람에게도 자신 있게 설명할 수 있다. '0.0024%였던가 0.25%였던가? 어떤 게 97.5%였고, 어떤 게 99%였지?' 같은 생각을 할 필요도 없다. 물병, 얼음, 녹은 물. 그게 다다.

숫자에 집착하는 사람이라면 이 아름다운 통계 수치가 생략되어 아쉬울지도 모른다. 하지만 통계는 아직 여기 있다. 겉으로 드러난 표면 밑, 수면 아래 빙산에 숨어 있다. 게다가 이제는 다른 모든 사람도 그 아름다움을 감상할 수 있다. 숫자와 인간 사고의 작동 방식을 모두 이해하면, 당신은 곧 사람들의 마음속에 수십 년 동안 길이 남을 중요한 환경 정보를 큰 그림으로 그릴 수 있게 된다.

또 다른 예시를 살펴보자.

> 화성의 올림푸스몬스는 태양계에서 가장 큰 화산으로, 그 면적은 약 30만 제곱킬로미터, 높이는 약 22킬로미터에 달한다.[5]

> 화성의 올림푸스몬스는 태양계에서 가장 큰 화산으로, 그 면적은 애리조나주나 이탈리아에 필적한다. 또한 높이는 일반적인 국내선 항공기를 타고 지나간다면 산비탈 중간에 충돌할 정도로 높다.

어쩌면 비슷한 부류끼리 비교하고 싶다는 유혹을 느낄지도 모른다. 가령 올림푸스몬스의 높이가 에베레스트산의 두 배에 달한다고 말이다. 하지만 대부분의 사람에게 에베레스트산이란 뭘까? 에베레스트에 대해 읽은 사람은 많아도 직접 가봤다는 사람은 드물다(주변에 에베레스트에 가본 사람이 있다면 그걸 모를 리가 없다. 입만 열면 그 이야기를 할 테니까).

반면에 국내 비행은 익숙하다. 공기정화 시스템에서 나오는 텁텁한 냄새, 좁아터진 좌석, 팔꿈치 받침대에서 약간의 공간을 더 확보하기 위한 미묘한 신경전, 창밖으로 흘러가는 작은 풍경들. 그런데 중간에 비행기 아래쪽도 아니고 눈높이도 아니고 비행기보다 두 배나 높이 솟아 있는 봉우리를 마주한다면 얼마나 이상한 기분이 들까? 거기다 화산을 가로질러 횡단하는 데 애리조나주(국내선)나 이탈리아(국제선)를 지날 때만큼이나 오랜 시간이 걸린다면 확실히 색다른 경험일 것이다. 상상하는 것만으로도 화성의 화산이 얼마나 큰지 이해하는 데 도움이 된다.

다시 지구로 돌아와서, 2018년에 《뉴욕타임스》는 우리 사회의 불평등도를 각 분야별(정치, 할리우드, 저널리즘) 자료를 통해 설명하는 장문의 기사를 게재했다. 다만 기사는 우리 사회의 격차를 설명하는 데 빽빽한 숫자의 장벽보다 몇 가지 기발한 비교를 이용했다.[6]

> 《포천》 선정 500대 기업 CEO 중 여성 CEO의 비율은 매우 적다.

> 《포천》 선정 500대 기업 CEO 중 제임스라는 이름을 가진 남성이 여성 CEO 전체보다 더 많다.

기사를 읽은 지 1주일만 지나도 여성 CEO의 비율이 얼마인지 정확하게 기억하기는 힘들고 대략 비슷한 수치는 생각해낼 수 있을 것이다("20%보다는 5%에 더 가까웠던 거 같은데"). 이름 자체는 잘 기억하지 못해도("존? 데이빗? 아님 스티브였나?") 똑같은 이름을 가진 남성 CEO가 모든 여성 CEO를 합친 것보다 많다는 핵심 메시지만큼은 기억할 것이다. 그리고 이 사실은 뭔가 크게 잘못된 것 같다. "오늘 오후 CEO 패널 참석자 중에 제임스가 있나요?"라고 물었을 때 "오늘 회의에 여성이 있나요?"라고 물었을 때보다 그렇다는 대답을 얻을 확률이 더 높아서는 안 되지 않을까?

이런 경우 숫자 자체가 청중의 주의를 흐트러뜨릴 수 있다. 제임스와 여성의 정확한 비교를 위한 연구 자체는 필요하지만, 이런 놀라운 결과가 도출됐을 때 여성은 전체 인구의 50.8%인 반면 제임스는 1.682%에 불과하다는 설명을 덧붙여봤자 메시지가 희석될 뿐이다.

이번에는 인종 불평등 문제와 관련된 예시를 보자. 2명의 흑인 남성과 2명의 백인 남성이 지역 신문의 구인 광고를 보고 입사지원서를 작성해 면접을 보러갔다. 각각 절반의 면접에서 피험자들은 지원서에 마약 중범죄로 유죄판결을 받았고 18개월 동안 복역했다고 적었다.[7]

전과 없는 백인 지원자의 34%와 흑인 지원자의 14%가 고용주로부터 연락을 받은 반면, 전과가 있는 경우에는 각각 17%와 5%가 연락을 받았다.

중범죄로 복역 전과가 있는 백인 지원자가 전과 없는 흑인 지원자보다 합격 통보를 받을 확률이 높았다.

첫 번째 번역은 누구나 알고 있는 당연한 사실을 입증하는 듯 보인다. 인종차별은 실제로 존재하며, 심각하다. 전과 유무와 관계없이 양쪽 모두 백인이 흑인보다 큰 차이로 더 많은 기회를 얻었다.

하지만 저 숫자를 얼마나 오랫동안 들여다봐야 아래쪽 번역의 메시지를 깨달을 수 있을까? 단순히 전과의 문제가 아니라, 전과 하나 없이 깨끗한 흑인 지원자가 심지어 중범죄로 감옥에 갔다 온 백인 지원자보다 더 취직에 불리하다는 사실 말이다.

이 비교는 인종차별의 장벽이 얼마나 높고 심각한지 즉시 깨닫게 해준다. 사회에서 전과자 취급을 받는 게 어떤지 상상할 수 있을 것이다. 그런데 단지 흑인이라는 이유만으로 취업 시장에서 그보다 더 부당한 대우를 받을 수 있다는 사실은 엄청난 충격이다.

하지만 숫자만 나열했을 때 이런 거대한 폭탄을 던지기도 전에 청중의 집중력을 잃을지도 모른다. 많은 독자가 가장 중요한 핵심은 깨닫지도 못한 채 숫자만 대충 훑어본 뒤 표면적인 내용만 이해하고 다음 단계로 넘어가곤 하기 때문이다.

이처럼 중요한 사실을 알려주는 통계를 전달하고 싶다면 중간 단계는 과감히 건너뛰기 바란다. 정면으로 핵심을 던져라. 중요한 건 단순히 숫자를 보고 읽는 게 아니라 **느끼게 만드는** 것이다.

1에는 힘이 있다
거대주의의 함정을 넘어

사람들에게 숫자를 이해시키는 가장 빠른 방법은 가장 간단하고 쉬운 것부터 시작하는 것이다. 1명의 직원이나 시민, 학생. 회사 1곳, 결혼 1회, 교실 1개. 1건의 거래나 게임, 아니면 하루처럼 말이다. 또는 하나의 경험 중에서도 구체적인 부분에 초점을 맞출 수도 있다. 1회의 방문, 하루에 있었던 일, 4분기 중에 1개월.

이렇게 간단한 배경 설명만으로 핵심 요점을 전달할 수 있다면 당신의 승리다! 이걸로 끝이다!

르브론 제임스LeBron James는 NBA에 몸담은 18년 동안 통산 3만 5,000점 득점을 올렸다.

르브론 제임스는 NBA에 몸담은 18년 동안 한 경기당 평균 27득점을 달성했다.[8]

우리는 가끔 어마어마하게 큰 숫자를 던져주고 싶은 유혹을 느낀다. "와우, 그거 정말 **엄청나네요**." 3만 5,000은 큰 숫자다. 27은 아니다. 적어도 처음에 생각하기엔 그렇다.

이런 잘못된 생각을 우리는 거대주의bigism라고 부른다. 필요한 것은 사람들이 쉽게 이해할 수 있는 친숙한 규모인데, 왠지 그보다 더 크고 거창한 것을 보여주고 싶은 유혹을 느끼는 것이다. 우리는 "버스만큼 거대하다"를 직관적으로 이해할 수 있다. 버스를 본 적도 있고 그게 우리를 깔아뭉갤 수 있다는 것도 알고 있으니까. "은하수만큼 거대하다"는 그보다 실감이 덜하다. 엄밀히 말해 은하수는 규모 면에서 버스보다 훨씬 크지만 직접 보거나 느낀 적이 없어 그리 실감 나게 다가오지 않기 때문이다.

르브론 제임스의 경우, 우리는 프로 농구선수들이 개인 통산 얼마나 많은 득점을 기록하는지 잘 모른다. 그러나 한 게임에서 27점이 어떤 의미인지는 안다. 그건 그날 경기에서 날개 돋친 듯 날아다녔다는 소리다. 고등학교나 대학 리그의 일반 선수라면 농구를 정말 아주 잘한다는 뜻이다. NBA에서 18년 동안 뛰면서 그런 평균 득점을 유지했다면 농구를 **끝내주게** 잘한다는 의미다. 하지만 이런 걸 알려면 평균적인 농구 경기가 어떤지 알아야 한다. 이것이 1의 힘이다.

미국에는 약 4억 정의 민간 소유 총기가 있다.

> 미국에는 약 3억 3,000만 명의 인구가 살고 있고, 이들이 보유한 총기는 4억 정에 달한다. 다시 말해 미국에 살고 있는 모든 남성과 여성, 아동이 총기를 하나씩 나눠 갖고도 약 7,000만 정이 남는다는 뜻이다.[9]

총기 애호가들이 많은 큰 나라에 총기가 많다는 건 별로 놀랄 일이 아니다. 첫 예시의 "4억"이 가리키는 바가 바로 그렇다. '미국에는 총이 **많다**'는 것. 하지만 이 주인공을 **총을 가진 사람**으로 바꾸면 미국인이 보유하고 있는 총기의 수가 얼마나 터무니없는지 알 수 있다. 전국의 모든 아동과 신생아들이 각자 총을 한 자루씩 갖고 있다고 상상해보라. 요람 한쪽에 산탄총이 세워져 있고, 아직 어린 조카한테도 화려한 공주 옷과 색깔을 맞춘 권총이 있다. 이렇게 전 국민에게 총을 나눠준 후에도 군대 전체에 넉넉히 보급하고도 남는다. 이 수치대로라면 미국의 모든 현역 육군과 해군, 공군에게 총기를 1인당 52정씩 지급할 수 있다.

4억이라는 추상적인 숫자를 1대 1 단위로 짝지으면 바로 번득이는 깨달음이 찾아온다. 총을 든 사람 1명. 농구 1게임. 르브론의 경기당 득점이나 미국의 1인당 총기 보유량을 제시하면 사람들은 이렇게 반응한다. "미친 거 아냐?" 그렇다. 농구계의 전설은 좋은 의미로, 총을 든 아기는 끔찍한 의미로 미쳤다.

이제까지는 숫자의 평균을 계산한 1에 주목했다. 그러나 또한 '1'

은 하나의 평균이 아니라 대표적인 사례를 의미할 수도 있다. 가령 우리의 뇌는 이야기를 통계보다 더 잘 처리하는 경향이 있다.

방글라데시에서는 수백만 명이 하루 1센트로 생계를 유지하고 있다. 그들은 은행을 이용할 수 없기 때문에 돈이 필요할 때마다 터무니없이 높은 이자(연 100% 이율)를 지불해야 한다.

방글라데시의 경제학 교수 무함마드 유누스Muhammad Yunus는 마을을 샅샅이 뒤져 고리대금업자들과 거래를 하는 주민들을 찾아냈다. 42명의 마을 주민들이 빚진 돈은 27달러였다. 그는 자신의 월급으로 고리대금업자 대신 그들에게 돈을 빌려주었다.

아름다운 대나무 의자를 만들어 팔던 한 여성은 재료를 사기 위해 유누스에게서 22센트를 빌렸다. 터무니없이 높은 이자를 면제받은 그녀는 전에 벌던 하루 2센트보다 훨씬 많은 수입을 올려 유누스에게 빌린 돈을 금세 갚을 수 있었다. 또한 이후 남은 돈으로 가족들의 영양 상태와 거주지, 그리고 자식들의 교육 환경을 개선할 수 있었다. 유누스가 돈을 빌려준 다른 마을 주민에게도 비슷한 현상이 발생했다. 한편 대출 상환율은 100%를 기록했다.[10]

방글라데시의 빈곤은 절망적일 정도로 심각하고 복잡하다. 그러나 전체적으로 우울한 상황 속에서도 **1의 힘**은 작고 일상적인 요소에 집중함으로써 발전 가능성을 보여준다. 사회 전반에 퍼져 있는 심각한 빈곤 문제가 아무리 절망적이더라도 이 단순한 번역본 이야기에는 행동과 실천을 통한 가능성이 존재함을 보여준다.

우리는 이야기 속에서 먼저 무함마드 유누스라는 사람이 한 마을에 도움을 주는 모습을 본다. 그런 다음 그 과정을 통해 한 의자 장인의 삶이 어떻게 변화했는지 더 구체적인 모습을 그려볼 수 있다.

우리는 한 사람의 사례를 통해 유누스의 소액대출이 나머지 41명의 주민들에게 어떤 영향을 끼쳤는지 미뤄 짐작할 수 있다. 유누스라는 한 명의 대부업자를 통해 소액금융의 광범위한 영향력을 이해할 수 있다. 그러므로 소액대출을 체계적으로 실천한다면 일반화된 문제로만 봤을 때는 결코 인식하지 못했던 많은 가정의 현실을 바꿀 수 있을 것이다.

> 미국의 국가 부채는 27조 달러에 달한다.*

> 미국의 국가 부채는 27조 달러로, 이는 국민 1인당 8만 2,000달러에 해당하는 액수다.[11]

1조 달러가 얼마나 되는지 상상하려면 머리가 핑글핑글 돌 것이다. 하지만 1에 초점을 맞추면 규모를 이해하는 데 도움이 되고, 따라

● 현재 가치로 따지면 그렇다. 우리가 어떤 수치를 사용하든 당신이 이 책을 읽을 즈음에는 이미 변동했을 것이다.

서 깊이 생각할 기회를 얻을 수 있다. 8만 2,000달러는 확실히 큰돈이지만 장기적으로 현명한 투자를 하면 갚을 수 있는 수준으로 보인다.

미국인은 집을 사거나 사업을 시작하거나 대학 등록금을 마련하기 위해 대부분 그 정도의 개인 부채를 지고 있다. 그렇다면 국가로서 이런 부채를 짊어지면서까지 투자할 만한 것에는 무엇이 있을까? 과학기술 발전, 주변국과의 원만한 관계, 국토 보존 정도? 27조 달러는 대화가 끊기게 하지만 8만 2,000달러는 패닉에 빠지는 게 아니라 도리어 예산 지출의 필요와 전략에 대한 대화를 촉진할 수 있다.

마지막으로 **프로토타입을 사용하라.** 우리는 종종 데이터를 너무 많이 수집한 나머지 지나치게 세부적인 정보에 매몰되어 전체 그림을 놓친다. 데이터가 너무 많다면 가능한 하나의 시나리오를 선택하라. 그런 연습 결과에 이름을 붙이자면 '프로토타입prototype', 즉 원형이라고 할 수 있는데, 이는 한 범주 내에서 가장 전형적이거나 중앙에 위치한 것을 가리킨다. 가령 새를 예로 들어보자. 참새는 우리가 새를 떠올릴 때 가장 흔히 연상하는 프로토타입이다. 가슴이 넓고 날카로운 발톱을 가진 매나 너무 크고 밝고 자세가 특이한 플라밍고, 또는 타조(설명할 필요가 있을까?)는 모두 원형에서 벗어나 있다.

한 즉석조리 식품 브랜드가 다양한 인구 통계 및 심리적 정보를 프로토타입 소비자라는 하나의 통합된 그림으로 변환하여 무엇을 배웠는지 알아보자.[12]

우리 회사의 중위 고객은 32세로, 기혼이고 자녀가 있다. 또한 93% 의 고객이 정규직으로 일하고 있다. 우리의 일반 고객은 1.7명의 자녀를 두고 있으며(5세 미만 1.3명), 우리 제품을 구매하는 가장 큰 세 가지 이유는 (1) 편의성 (2) 친숙한 맛 (3) 경쟁 제품과 비교해 영양적으로 "나쁘지 않기 때문"이다.

우리 회사의 대표 고객은 퇴근 후 어린이집에서 아이를 데리고 집에 가는 길에 마트에 들러 쇼핑을 하는 32세의 엄마다. 그녀는 네 살짜리 아이의 손을 잡고 카트에는 두 살짜리 아이를 태운 채 마트를 돌아다닌다. 네 살짜리 아이가 손에 닿는 선반을 엉망으로 만들기 전에 재빨리 저녁식사에 필요한 물품을 집어들어야 한다. 그가 상품에 작은 글씨로 적힌 영양성분을 읽으려 할 때마다 옆에서 두 살짜리 아이가 자꾸만 상자를 두드리며 방해한다.
고객의 입장을 고려하여, 소비자가 선호하는 맛을 빨리 찾을 수 있도록 패키지 디자인을 단순화하고 영양 정보의 글꼴 크기를 키우는 것을 추천한다.

첫 번째 예시의 통계는 일관적이지도 않고 유용한 통찰력을 제공하지도 않는다.

그러나 숫자가 한 명의 인간이라는 형태를 취하게 되면 그것에 담긴 의미를 이해하고 공감할 수 있다. 우리는 마케팅 부서에서 내놓은 인구통계학적 분석에 공감하지 않는다. 우리가 공감하는 것은

1장 모든 숫자를 번역하라

사람이다. 태어나 처음 집어든 그림책에서부터 가장 마지막에 본 할리우드 영화에 이르기까지, 우리는 대부분 이야기에 쉽게 빨려든다. 그러나 유통 업무에 관한 교육을 받는 경우는 드물다. 프로토타입은 많은 데이터를 구체화할 수 있으며 동시에 숫자로 이뤄진 데이터가 진짜로 존재하는 고객, 즉 우리와 마찬가지로 마트에서 떼를 쓰는 아이를 키우는 부모라는 사실을 상기시킨다.

올바른 답을 원한다면 올바른 분석을 해야 한다. 하지만 정답을 제시할 때 반드시 그 정답을 얻기 위해 사용한 숫자를 내보일 필요는 없다. 가장 완벽한 숫자 번역에는 숫자가 전혀 없는 경우가 많다.

사용자 친화적인
숫자를 찾아라

이번에는 아래 테스트를 한번 해보라. 그런 다음 90초 정도 시간을 내줄 수 있는 가까운 친구에게도 시도해보라. 목록 A를 몇 초 동안 응시한 다음 눈을 감고 거기 적혀 있던 숫자를 소리내어 말해본다. 목록 B를 보고도 같은 과정을 반복한다.

목록 A	목록 B
2,842,900	300만
5.73배	6배
17분의 9	2분의 1

어느 쪽이 더 잘 기억나는가? 만약 A라고 대답했다면 그건 어느 쪽이 A인지 까먹었기 때문일 것이다. 어느 모로 보나 두 번째 목록 B가 훨씬 쉽다. 이해하기도, 기억하기도, 말로 하기도 쉽다.

그러나 이 두 목록이 전달하는 정보는 기능적으로 거의 동일하다. 새 사무실이 6배 더 크다고 말했는데 사실은 5.73배 더 크다고 해도 별 차이가 있을 것 같지는 않다. 같은 일을 하고도 급여를 절반밖에 받지 못했다는 사람에게 실은 17분의 9라고 말해주면 과연 그가 기뻐할까?

이번에는 목록 A와 B의 숫자들을 실질적인 **뭔가**로 활용해보자. 첫 행이 사업 소득이고 마지막 행이 동업자인 당신이 가져갈 몫이라고 치자. 올해 당신이 번 돈은 얼마인가?

목록 B는 당신의 주머니에 150만 달러가 들어온다는 기쁜 소식을 곧장 전해줄 것이다. 아주 신속하게 말이다.

반면에 A의 경우에는…… 잠깐만 기다려주시면…… 조금만 더…… 150만 5,065달러(약 150만 달러)다. 휴, 당신이 계산을 마쳤을 즈음엔 대화가 이미 다른 주제로 넘어가 있을 거다.

사용자에게 익숙한, 즉 사용자 친화적 숫자가 유용한 이유는 두 가지다. 첫째는 그것이 친절하다는 것이다! 사람들은 대화에 참여하고 있다는 느낌을 좋아하고 쓸데없는 수고를 들이는 것을 좋아하지 않는다. 청중이 당신이 말하는 요점을 이해하기 위해 생고생을 하게 만드는 건 예의에 어긋나는 일이다.

두 번째 이유는 효과적이라는 것이다. 당신이 사람들과 잘 어울리는 사교적인 성격이 아닐 경우를 대비해, 공학적인 방식으로 설명해보겠다. 목록 B의 숫자는 인간의 두뇌라는 하드웨어에 적합하도록 수정된 것이다. 우리의 뇌는 정보처리 능력에 한계가 있기 때문이다. 심리학자 조지 A. 밀러_{George A. Miller}는 심리학 분야 가장 유명한 논문 중 하나에서 이렇게 물었다. "인간의 작업기억력(다른 기관을 통해 인식된 정보가 일시적으로 의식에 머물러 있는 것—옮긴이)은 얼마나 되는가?"

그의 대답은 논문의 제목에 있다. "마법의 숫자 7, 더하기 빼기 2." 이 숫자는 우리 인간이 단기기억에 담을 수 있는 정보의 한계를 의미한다. 숫자든 이름이든 아니면 뭐가 됐든, 우리는 7개 이상의 정보(또는 5개나 최대 9개)를 외우려 들면 그때부터 헷갈리기 시작한다.[13]

친숙하지 않은 숫자 하나가 기억 체계와 충돌을 일으킬 수도 있다. 복잡한 분수(139분의 17)나 큰 자릿수 숫자(4,954,287) 또는 긴 소수점(0.092383) 같은 것들을 생각해보라. 이 숫자들은 하나의 정보에 불과하지만 우리의 기억 용량에서 많은 공간을 차지한다. 가까스로 외우는 데 성공하더라도 다른 것을 기억할 공간이 남지 않아 중요한 메시지가 실종된다.

애초에 우리는 복잡한 숫자를 잘 이해하지 못한다. A&W 레스토랑 체인의 전 CEO이자 『문턱에서의 저항_{Threshold Resistance}』의 저자인 앨프리드 토브먼_{Alfred Taubman}은 맥도널드 쿼터파운더(4분의 1 파운드—옮긴이) 버거와 같은 가격으로 서드파운더(3분의 1 파운드—옮긴이) 버거를 출시했을 때 뼈아픈 교훈을 얻었다. 절반 이상의 고객이 바가지를 썼다고 생각한 것이다. "왜 고기의 양이 더 적은데 가격은 똑같은 거야?"[14]

A&W에서 출시한 새 버거의 가치는 소비자들이 3분의 1과 4분의 1을 이해하는 방식에 달려 있었다. 하지만 분수는 원래 모든 사람에게 어렵다. 완전한 전체가 아닌 일부분을 의미하기 때문이다. 우리는 뭔가를 세는 것을 좋아하지만 분수는 셀 수 있는 사물이 아니다. 그래서 우리는 그와 가장 가까운 정수를 떠올리고, 4가 3보다 더 크기 때문에 4분의 1이 3분의 1보다 더 크다고 순간 착각한다.

이런 실수를 피하고 숫자를 사용자 친화적으로 만들려면 여러 미묘한 방법을 사용해야 한다. 부록에서 더 많은 사례를 찾아볼 수 있다. 하지만 두 가지 간단한 원칙과 유의사항을 명심한다면 대부분의 실수를 피할 수 있을 것이다.

원칙 1 열심히 반올림하라

4.837은 약 5다.

11분의 5는 약 절반이다.

217은 약 200이다.

우리는 처음 수학을 배울 때 반올림을 배운다. 그러곤 이내 계산기와 스프레드시트에 중독돼 잊어버린다. 하지만 물리학자나 엔지니어, 의사처럼 늘 숫자를 다루는 전문가들은 항상 반올림을 사용한다. 그들이 해야 할 일 중 상당 부분이 문제를 파악하고 다른 사람들과의 대화를 위해 복잡한 숫자를 단순하게 번역하는 것이기 때문이다. 실제로 그런 종류의 의도적인 단순화를 가리키는 용어도 있다. '대략 계산한 결과', '약식' 분석, '어림값' 숫자 등등. 때와 장소에 따라 정확성이 필요한 건 사실이지만, 일반적인 프로젝트에서는 엄밀한 정확도보다 적절한 **부정확성**이 필요한 경우가 훨씬 많다.

마이크로소프트의 시각엔진 팀이 단순한 문장 하나를 추가해 지리 관련 정보를 더 쉽게 기억하고 사용할 수 있게 만든 것을 기억하는가? 이들은 거기에서 멈추지 않고 《뉴욕타임스》에 실린 정보를 사용자에게 두 가지 버전으로 전달하는 실험을 통해 반올림이 미치는 영향을 연구했다. 한 집단은 반올림되지 않은 숫자에 노출되었고, 다른 집단은 반올림된 숫자에 노출되었다.

다음 사례는 전시장 확장과 관련해 큰 논란이 있었던 뉴욕의 프릭컬렉션Frick Collection 미술관에 관한 설명이다.[15] 시각엔진이 테스트에 사용한 두 버전에서 각각 발췌한 내용을 소개한다.

정확한 버전: 미술관이 추가로 확장하고자 하는 약 3,810제곱미터 중 약 370제곱미터만이 예술작품을 전시하는 공간이다. 이 지역 유지가 가진 와인 저장고 수준이다.

1장 모든 숫자를 번역하라

반올림 버전: 미술관이 추가로 확장하고자 하는 약 4,000제곱미터 중 약 400제곱미터만이 예술작품을 전시하는 공간이며, 이는 그 지역 유지가 가진 와인 저장고 수준이다.

실험참가자들은 몇 단락으로 이뤄진 글을 읽은 다음 처음 본 숫자를 기억하고 몇 가지 계산을 해야 했다. 정확한 버전의 기사를 읽은 참가자의 경우, 5명 중 2명만이 수치를 정확히 기억할 수 있었던 반면* 반올림 버전을 본 사람들은 5명 중 3명이 정확하게 기억했다. 작품 전시에 할당된 면적이 몇 퍼센트인지 계산하라는 요청을 받았을 때도 반올림된 숫자를 본 참가자들이 정확하지만 사용자 친화적이지 못한 숫자를 본 참가자들을 이겼다.

도합 여섯 가지 주제와 약 1,000명의 참가자를 대상으로 실험한 결과, 일관된 결론을 얻었다. 반올림한 숫자는 기억력을 향상시키고 계산 실수를 줄인 반면, 정확한 숫자는 쉽게 잊어버렸으며 오류를 더 많이 일으켰다.

이러한 발견은 밀러의 연구 결과와도 일치한다. 인간이 기억할 수 있는 정보에는 한계가 있다. 정확한 숫자를 다룰 목적으로 설계되지 않은 기계에 지나치게 세분화된 정보를 입력하면 역효과가 발생한다. 정확도가 중요하다면 사용자에게 친숙한 반올림 숫자를 사

● 실제 수치의 10% 이내의 오차로 대답한 경우로 정의한다.

용하라. 처음부터 숫자를 반올림하면 오히려 기억력을 예리하게 만들 수 있다.

원칙 2 소수·분수·백분율을 피하라

정수, 즉 실제로 셀 수 있는 숫자는 진짜처럼 느껴진다. 수렵·채집인의 두뇌가 다룰 수 있는 온전한 개체이기 때문이다.

반면에 소수와 분수, 백분율 및 비율처럼 일부를 의미하는 수는 솔직히 실재하는 것처럼 느껴지지 않는다.[16] 수학시험에서 정해진 시간 동안 계산을 할 수 있을지는 몰라도 일상생활에서 갑자기 질문을 받으면 개념을 파악하기가 다소 어렵다.

다시 말해, 사람들에게 정수가 아닌 숫자를 제공한다면 메시지가 용이하게 전달되지 않을 가능성이 크다. 사람들은 숫자를 기억하거나 계산할 때 실수를 저지를 뿐만 아니라 우리가 설명한 것을 상상하기도 어려워할 것이다. 왜냐하면 숫자가 실재하는 것처럼 느껴지지 않기 때문이다.

메시지를 현실적으로 느끼게 하려면 가능한 한 정수를 사용하라. 분수와 소수가 있다면 될 수 있는 한 반올림을 하라는 얘기다.

1보다 작은 숫자의 경우에는 이른바 '바구니 담기' 기법을 사용해 정수처럼 보이게 만들 수 있다. 예를 들어 어떤 특성을 가진 0.2%

의 사람들에 대해 이야기하고 싶다면 바구니 하나에 최소한 500개 또는 1,000개를 담아 진짜 존재하는 사람처럼 만드는 것이다. '500명 중 1명' 또는 '1,000명 중 2명' 같은 표현은 추상 개념인 백분율을 실제 존재하는 것처럼 만들어준다.

주의할 점은 온전한 정수로 변환하되, 바구니는 가능한 한 작게 만드는 게 좋다. 3분의 2 또는 67%의 사람들이 새로운 맛을 좋아하지 않는다면, 이들이 최대한 방 하나에 다 들어가도록 만들어라. 이를테면 "3명 중 2명이 치즈맛 마시멜로가 **역겹다**고 생각했다"처럼 말이다. 100명 중 67명이라고 표현하면 이해도가 떨어진다.

여러 통계를 함께 사용해야 할 때는 크기가 다른 여러 개의 바구니를 섞지 않는 것이 좋다. 우리가 원하는 건 진짜처럼 느껴지고 복잡한 계산을 할 필요가 없을 만큼 작지만 동시에 여러 개의 통계를 직접적으로 비교할 수 있을 만큼 큰 바구니다. **6명 중 1명**은 치즈맛 마시멜로가 흥미롭다고 생각한 반면 **6명 중 4명**은 역겹다고 생각했다(위의 사례에서 사용한 바구니 크기를 변경해 3명 중 2명과 6명 중 1명을 비슷한 크기의 바구니에 같이 담은 것에 주목하라. 이렇게 하면 비교하기가 쉬워진다).

원칙 3 원칙을 따르되 청중의 이해를 존중하라

때로는 전문 지식이 원칙 1과 2보다 우선할 수도 있다. 앞선 두

55

원칙은 청중이 숫자를 확실하게 이해하도록 돕는 데 목적이 있다. 이 조언은 사람들이 무엇을 이해하고 그렇지 않은지에 관한 연구에 바탕을 둔다.

그러나 청중이 전문적인 경험을 갖추고 있다면 이런 일반 원칙을 바꾸는 지름길을 발견할 수 있다. 가령 설명해야 할 숫자를 상대에게 익숙한 분야로 옮겨오면 계산을 더 정확히 할 수 있다. 예를 들어 쇼핑에 익숙한 사람들은 자녀의 산수 숙제에 적힌 0.2×2.77을 계산하라는 질문에는 당황할지 몰라도 2.77달러짜리 참치캔을 20% 할인 중이라고 설명한다면 공인회계사처럼 정확한 솜씨로 정답을 도출해낼 것이다.

특정 종류의 숫자에 익숙한 사람은 관련 정보를 처리하는 데 메모리가 많이 필요하지 않기 때문이다.

조지 A. 밀러의 "마법의 숫자 7"은 특정 상황에서는 확장 모듈을 작동시킨다. 우리는 정신적 작업 공간에 일반적으로 약 7개의 일관성 있는 '구성 단위'를 저장하는데, 학습 수준 및 전문 지식에 따라 그러한 구성 단위의 크기 역시 달라진다. 심리학에서는 하나의 단위로 기억되는 정보 모음이라는 의미의 용어 덩이chunk를 사용한다. 의미 덩이는 휴스턴 지역번호(713)처럼 임의의 숫자 모음일 수도 있고 좋아하는 노래의 첫 두 마디일 수도 있다.

전문가들은 이런 정보 덩이를 갖고 있어 쉽게 활성화할 수 있으며, 이는 원칙 1과 2가 보편적으로 유용한 것은 아님을 의미한다. 메시지를 전달해야 하는 대상을 알고 그들이 어떤 정보 덩이를 가졌는지 안다면, 청중이 정보를 손쉽게 처리할 수 있는 형식으로 숫자를 제시하면 된다. 보통 헷갈릴 듯한 것들도 적절한 방식으로 제시하면 이해하기가 쉬워진다. 가령 여론조사 직원은 백분율에 익숙하고, 야구 팬은 타율(소수점 아래 세 자릿수까지 표시되는데!)을 줄줄 외우고 다니며, 도박꾼이 확률을 표현하는 방식은 도박을 잘 모르는 사람들에게는 신기하기까지 하다. 제빵사, 정비공, 재단사도 그들만의 분수 이해 체계를 갖추고 있다.

상대가 잘 알고 익숙한 것을 제시하라. 사업의 주요 지표를 설명할 때 소수점 아래 세 자릿수는 바람직하지 않지만, 야구 팬이라면 타율 0.227과 0.321의 차이를 확실히 이해할 것이다.

결국 친숙함이 승리한다.

앞에서 설명한 원칙을 깨트려 메시지를 더욱 명확하게 전달할 수 있다면 부디 그렇게 하길 바란다. 자기 자신의 판단을 믿는 것은 좋다. 그러나 숫자로 소통할 때 더욱 미묘한 의미까지 전달하고자 한다면 항상 기본 원칙을 명심하라. 가능한 한 가장 단순하고, 반올림을 한, 친숙한 숫자를 사용하라.

그렇다면 이제까지 배운 원칙을 사용해 약간의 연습 활동을 해보자. 인체를 구성하는 원소 중에 가장 높은 비율을 차지하는 것은 무엇일까? 아래의 정보를 설명할 수 있는 여러 방법을 생각해보라.[17]

수소 50분의 31	수소 62%
산소 25분의 6	산소 24%
탄소 25분의 3	탄소 13%
질소 173분의 1	질소 1.1%
기타 500분의 1	기타 0.2%

우리 몸을 구성하는 원자 10개 중 6개는 수소, 3개는 산소, 1개는 탄소이다. 그 외 나머지 성분이 차지하는 비중은 미미하다.

상단 왼쪽 상자는 분모가 일정하지 않고, 도박에서 이길 확률처럼 보인다.

상단 오른쪽 상자가 왼쪽 상자보다는 해석하기도 쉽고 서로 비교 가능한 백분율로 표현되어 그나마 낫다.

그러나 우리가 가장 선호하는 것은 마지막 번역이다. 미량원소의 개념(함유량이 적어서 찾기도 힘들다)과 3대 원소의 편재성(우리 몸의 대부분은 분자당 수소 원자 2개와 산소 원자 1개로 이루어져 있는 물로 구성되어 있다)을 전달하고 있기 때문이다.

마지막으로 백분율이 우리의 뇌에 얼마나 비현실적으로 느껴지는지, 그리고 단순한 정수로 번역하면 얼마나 진짜처럼 느껴지는지를 보여주는 공중보건 메시지(우리가 가장 좋아하는 예시 중 하나로, 착 달라붙는 메시지에 관한 대학원 워크숍에서 매리얼 윌리엄스Marial Wiliams 가 제공해주었다)로 이 장을 마무리하겠다.[18]

미국 성인의 40%는 집에서 화장실을 사용한 후 항상 손을 씻지는 않는다.

당신이 악수를 나눈 5명 중 2명은 화장실을 사용한 뒤 손을 씻지 않았을지도 모른다.

40%라는 숫자는 직관적으로 와닿지도 않고 그리 크게 느껴지지도 않는다. 그래, 어른들이 집에서 항상 손을 씻는 건 아니다. 대부분은 아직도 그렇다.

그러나 개인적인 시나리오와 결합된 "5명 중 2명"은 왜 이 사실에 관심을 가져야 하는지를 말해준다. 만일 당신이 5명과 악수를 했다면 화장실에 다녀와서 손을 씻지 않은 사람과 벌써 2번이나 접촉한 셈이다. 어쩌면 이걸 읽자마자 손 소독제를 집어들었을지도 모르겠다.

청중에게 늘 친절하게 대해라. 항상 명확하고 사용자 친화적인 숫자를 사용해라. 그리고 물론, 손을 항상 깨끗하고 사용자 친화적으로 유지하는 것도 잊지 말자.

일상에 가까운
숫자를 찾아라

친숙하고 구체적이며 인간적인
숫자로 만들기

단순하고 익숙한 것과
비교하라

청중의 빠른 이해를 돕고 싶다면 그들이 이미 알고 있는 것을 기준으로 새로운 개념을 정의하고 설명해야 한다.

지난 수천 년 동안 모든 문화권에서 측량법에 활용해온 공식이 있다. 바로 인체다. 고대 로마에서 마오리 부족에 이르기까지 84개 문화를 대상으로 한 연구조사에 따르면, 대부분의 문화권에서 크기나 치수를 잴 때 만능 측정봉인 인체를 사용한다.[1] 특히 그중 절반이 양팔을 옆으로 벌렸을 때 한쪽 손끝에서 반대쪽 손끝까지의 거리를 측정 단위로(영어권에서는 이를 패덤fathom이라고 부른다) 사용하고 있었으며, 4곳 중 한 1곳에서는 중세 영어에서 큐빗cubit이라고 부르는 팔뚝 길이를 측정 단위로 사용했다.[2] 성경에서 노아의 방주는 300×50×50큐빗으로 묘사된다. 마일Mile은 '1,000걸음'을 의미하는 라틴어에서 유래되었다.

코로나19 팬데믹 동안 사회적 거리두기 지침인 "약 1.8미터(1패덤)

를 여러 나라가 어떻게 번역해 홍보했는지 살펴보자.[3] 효과적인 번역
은 쉬운 비교와 최대한 작은 숫자의 결합으로 만들어진다.

하키스틱 1개 — 캐나다

다다미 1장 — 일본

성체 악어 1마리 — 플로리다주

서핑보드 1개 — 캘리포니아주 샌디에이고

성체 화식조 1마리 — 호주 노스퀸즐랜드

마이클 조던 1명 — 마이클 조던이 튀어나와 당신에게 하이파이브
　　　　　　　　　를 해준다고 상상해보라.

순록 1마리 — 캐나다 유콘 준주

곰 1마리 — 러시아

1패덤 — 미국 해군

알파카 1마리 — 오하이오주 지역 축제

목재 파쇄기 1.5대 — 노스다코타주

바게트 2개 — 프랑스

송어 4마리 또는 낚싯대 1개 — 몬태나주

서핑보드 1개 또는 산악자전거 1.5대 — 캘리포니아주 오렌지카운티

코알라 4마리 — 호주 시드니

버펄로윙 24조각 — 뉴욕주 버펄로

피스타치오 72알 — 뉴멕시코주

이 중 몇 가지는 유용하다. 나머지는 그냥 웃기고 귀엽다. 많은 사람이 하키스틱이나 낚싯대가 얼마나 긴지 본 적이 있을 것이다. 하지만 버펄로윙 24조각이나 피스타치오 72알을 나란히 늘어놓은 걸 본 적이 있다면 식사 예절 교육이 필요할 것이다.

당신이 설명하고자 하는 숫자에 알맞은 측정 기준을 어떻게 찾을 수 있을까? 당신만의 패덤을 어떻게 찾아야 하나? 앞에서 얘기했듯이, 제이크 호프먼과 댄 골드스타인은 인구 및 지리 관련 정보에 숫자 번역을 추가하는 방법을 연구했다. 그들은 동료인 크리스토퍼 리더러Christopher Riederer와 함께 가장 훌륭한 숫자 번역은 쉽게 상상할 수 있는 비교와 간단한 척도 요소를 결합한 것이라는 사실을 발견했다.

파키스탄의 면적은 오클라호마주의 약 5배다.

파키스탄의 면적은 캘리포니아주의 약 2배다.[4]

다시 말해 상대가 잘 알고 익숙하며 크기가 비슷한 다른 대상을 상상해보라. 생각이 막히면 맥가이버 기법을 이용해라. 1980년대의 텔레비전 드라마 〈맥가이버MacGyver〉의 주인공은 오로지 과학 지식만 가지고 배트맨이나 제임스 본드라면 수백만 달러를 들였을 기발한 도구를 만들어낸다. 다만 다른 점이 있다면 그는 방금 먹은 점심의 패스트푸드 용기를 활용한다는 것이다. 맥가이버 기법의 용례를

들자면 이렇다. 주위를 둘러본다. 그런 다음 주변에 있는 평범한 물건으로 뭘 만들 수 있을지 생각해본다. 평범한 사람들이 보편적으로 아는 것들, 즉 지역적 특색이나 관련 분야에서 자주 사용하는 물품, 뉴스에 흔히 등장하는 주제 같은 것들이 좋다.

또한 곱하는 수, 승수乘數는 작고 단순할수록 좋다. "코알라 4마리"나 "피스타치오 72개"는 2개나 절반보다 더 복잡하고 다루기도 어렵다. 연구조사에 따르면 사람들은 승수가 1일 때 숫자 번역을 가장 잘 이해하고 또 기억했다. 예를 들어 "다다미 1장"(일본)이나 "성체 화식조 1마리"(호주), "대략 성체 악어 1마리"(발목이 걱정되지 않는다면) 처럼 말이다.

피하는 게 좋은 표현	바람직한 표현
거주 중인 주의 3.9배 산악자전거 1.5대	뉴욕주 인구 서핑보드 1개

설령 "거주 중인 주의 3.9배"나 "산악자전거 1.5배"가 수치상으로 더 정확하더라도 "뉴욕주 인구"와 "서핑보드 1개"를 사용하는 게 좋다. 사용하기도 쉽고 기억하기도 쉽기 때문에 실질적으로 정보가 더 정확하게 전달된다.

아일랜드공화국의 면적은 7만 제곱킬로미터다(당연히 여기서도 반올림이다!).

터키의 면적은 78만 5,000제곱킬로미터다.

태평양 거대쓰레기지대 Garbage Patch 는 약 160만 제곱킬로미터다.

아일랜드의 크기는 뉴욕주의 절반 정도다.

터키의 크기는 캘리포니아주의 2배 정도다.

태평양 거대쓰레기지대의 크기는 스페인의 약 3배에 달한다.[5]

자, 그럼 이제까지 배운 것들을 활용해보자. 호주는 2019년과 2020년에 걸친 여름에 어마어마한 산불 피해를 입었다. 피해 규모를 어떻게 효과적으로 전달할 수 있을까? 아래 나열된 번역 중 하나를 골라보라.

2020년에 발생한 호주 산불로 약 18만 6,000제곱킬로미터가 소실되었다.[6]

2020년 호주 산불로 소실된 면적:

　일본의 절반

　시리아 전체와 맞먹는 면적

　영국의 4분의 3

> 포르투갈의 2배
>
> 뉴잉글랜드 지역(코네티컷, 메인, 매사추세츠, 뉴햄프셔, 로드아일랜드 및 버
> 몬트)에 해당하는 면적
>
> 워싱턴주와 비슷한 크기

가장 훌륭한 숫자 번역은 쉽게 상상할 수 있는 비교와 간단한 승수의 결합이다. 이제 다시 보라. 어떤 번역이 가장 효과적인가?

시리아의 면적은 많은 사람에게 다소 낯설게 느껴진다. 영국의 경우는 분수 계산을 해야 한다. 그리고 일본도 우리는 온전한 1이 되어야 '진짜'라는 느낌을 받기 때문에 일본도 탈락이다.

포르투갈이 익숙하다면 이쪽이 가장 좋다.

미국인의 경우 워싱턴주는 서부 주민들에게, 뉴잉글랜드는 동부 주민들에게 효과적일 것이다. (뉴잉글랜드 쪽이 더 넓게 느껴지는 이유는 우리가 각각의 구성요소를 전부 떠올리기 때문이다. 이에 대해서는 감성적 결합에 관한 장에서 더 이야기하겠다.)

올바른 기준을 선택하면 메시지와 숫자를 더 매력적이고 흥미롭게 느껴지게 할 수 있다. 이번에는 동물 왕국의 속도에 관한 몇 가지 과학적 사실들을 알아보자. 야생동물이 얼마나 빠른지 이해하기 위해 우리는 독특한 기준을 만들 수도 있다. 가령 우리가 아는 가장 빠른 단거리 육상 선수인 우사인 볼트는 어떨까? 당신이 아무리 빠른 사람을 알고 있대도 올림픽 선수에게는 못 미칠 테니까 말이다. 심

지어 올림픽에 출전하는 선수들도 결승전까지 살아남기는 어렵다. 그러니 올림픽 결승전에 진출하는 선수는 최고 중 최고일 것이며, 볼트는 그중에서도 가장 뛰어난 기록의 보유자.

그러므로 그를 자연계의 평범한 동물들과 비교해보자.[7] 심지어 이 동물들은 빠르기로 유명한 종도 아니다.

세렝게티의 동물 올림픽 위원회에서 100미터 달리기가 가장 빠른 육상 동물을 가리기 위한 시합의 규칙을 신설했다. 시합에 참가한 동물들은 미리 질주를 시작해 최고 속도에 오른 시점을 출발점으로 삼는다. 인간 팀은 400미터 계주의 마지막 100미터 구간에서 8.65초를 기록한 우사인 볼트를 자랑스럽게 내보냈다. 그의 100미터 달리기 평균 속도는 시속 42킬로미터였다.

침팬지 팀은 선수를 무작위로 뽑아 보냈다. 그들은 뒷다리가 짧고 네 발로 달려야 한다. 그럼에도 침팬지는 볼트보다 겨우 3.3미터 뒤진 8.95초로 경기를 마친다. 이들의 평균 속도는 시속 40킬로미터다.

그러나 인간과 침팬지는 막판에 가야 할 방향을 잃고 방황한 검은 코뿔소에게 패하고 만다. 코뿔소는 100미터 거리를 시속 55킬로미터로 달릴 수 있다. 검은 코뿔소는 볼트를 거의 24미터나 앞서

6.55초로 결승점에 들어온다.

코뿔소와 침팬지, 그리고 역사상 가장 위대한 육상선수의 100미터 경주에서 우사인 볼트는 코뿔소보다 2초 뒤져 은메달을 따는데 그쳤다. 심지어 동물들은 가장 뛰어난 선수를 내보내지도 않았다. 타조와 치타, 그리고 여기에 공중을 날 수 있는 조류까지 포함한다면 송골매가 압도적인 승리를 거뒀을 것이다.

과학책이나 동물원 우리 안내판에 그 동물이 얼마나 빨리 달리는지 적혀 있어도, 우리는 인간의 최고 속도를 기준으로 비교하지 않으면 그게 얼마나 빠른 건지 잘 실감하지 못한다. 900만 명의 경쟁자를 뚫고 선발된 인류 최고의 육상 선수도 평범한 침팬지를 간신히 이기고 코뿔소는 따라잡지도 못한다. 게다가 이 동물들은 우리가 평소에 빠르다고 인식하는 동물도 아니다.

흥미로운 통계는 단순히 정보만 전달하는 게 아니라 일반 상식을 뒤흔드는 큰 충격을 준다. 비즈니스 세계에서 빌려온 다음 사례를 보자.

2020년 전 세계 비디오게임 시장의 규모는 1,800억 달러다. 이에 비해 2019년(코로나19 팬데믹 이전) 영화 시장의 세계 박스오피스 수익은 420억 달러, 음반 업계의 수익은 220억 달러였다.[8]

2장 일상에 가까운 숫자를 찾아라

> 비디오게임 산업의 규모는 영화 산업의 4배를 넘고, 음악 산업의 약
> 9배에 달한다.

영화 산업과 음악 산업을 적절한 단위로 변환하면 게임 산업의 규모를 더 정확하게 측정할 수 있다. 비디오게임, 영화, 음악과 관련된 숫자들을 따로따로 보면 예상을 벗어나지도 않고 크게 놀랍지도 않다. 우리는 이 세 분야 모두 거대한 규모의 산업이라는 것을 안다.

그러나 이들을 한꺼번에 비교해보면 꽤 놀라운데, 사람들이 일반적으로 갖고 있던 생각과 일치하지 않기 때문이다. 우리는 영화나 음악 산업에 대한 소식은 자주 듣지만 비디오게임에 대해서는 자주 이야기하지 않는다. 비디오게임을 다루는 온라인 잡지 〈버라이어티 Variety〉 같은 게 있는가? 아니면 게임계의 그래미상이나 피플스초이스 시상식은? 어쩌면 이건 게임을 좋아하는 괴짜들에 대한 차별인지도 모른다. 영화나 음악계에서 일하는 사람들에 비해 컴퓨터 앞에서 게임을 만드는 이들은 레드 카펫에서 조명을 받을 일이 별로 없다.

창업을 꿈꾸는 이들에게 이건 큰 기회를 의미한다. 보통 사람들은 잘 모르는 분야에서 할리우드와 내슈빌(컨트리음악의 도시―옮긴이)보다도 거대한 대규모 경제가 활발히 작동하고 있다. 이 시장에 진출하려면 무엇을 배워야 할까?

탁월하고 유용한 척도는 청중이 질문을 던지게 만든다. 숫자에

단순하고 익숙한 것과 비교하라

대한 생산적인 질문의 물꼬를 튼다. 사람들이 숫자에 관해 이야기를 하게 만들 수 있다면 곧 당신의 승리다.

추상적인 숫자를
구체적인 사물로

버그bug라는 컴퓨터 용어를 만든 컴퓨터과학의 선구자 그레이스 호퍼Grace Hopper 제독은 미국 해군 최초의 프로그래밍 책임자였다. 그는 또한 수학을 가르쳤다. 학생들이 수학 시간인데 왜 작문 실력으로 점수를 받아야 하느냐고 투덜거릴 때마다 그는 "다른 사람과 의사소통을 하지 못하면 수학을 배워봤자 아무 쓸모도 없으니까"라고 답했다.[9]

호퍼는 개발자들에게 코드를 간소화하라고 압박했다(전시에는 1분 1초가 생사를 가를 수 있다). 그는 강의 중에 전기 신호가 1마이크로초, 즉 100만 분의 1초 동안 이동할 수 있는 길이의 전선 타래를 가져와 보여주었는데, 전선의 길이는 약 300미터였다.[10] 호퍼는 이렇게 말했다. "때때로 모든 프로그래머의 책상이나 목에 이 전선을 걸어둬야 한다고 생각한다. 그래야 1마이크로초를 낭비할 때마다 자기가 뭘 낭비하고 있는지 알 수 있을 테니까."[11]

"1마이크로초를 낭비"하는 것은 '반 페니를 낭비'하는 것만큼이나 아무 감흥도 느껴지지 않는다. 적어도 그 짧은 시간 동안 전자 신호가 얼마나 멀리 이동할 수 있는지 **눈으로 직접** 확인하기 전에는 말이다. 1마이크로초라는 추상적인 시간을 프로그래머의 목에 걸 수 있는 실제 사물로, 전장에서 생사를 결정하는 중요한 무언가로 변환함으로써 호퍼는 영원토록 뇌리에 각인될 비유를 만들었다.

우리는 100만 분의 1초인 마이크로초를 아껴야 한다.

이 전선 조각은 당신이 낭비한 1마이크로초 동안 전기 신호가 이동할 수 있는 거리다. 300미터면 거의 축구장 3개에 달하는 길이다.

숫자를 그리면 메시지가 한눈에 보인다

호퍼는 전문가 중에서도 무척 드문 유형에 속한다. 비전문가도 쉽게 이해할 수 있도록 일부러 실제적이고 구체적으로 표현하는 데 공을 들였기 때문이다. 전문가들은 보통 추상적이다. 그게 그들이 문제를 해결하는 방식이기 때문이다. 전문가는 기존 사례를 바탕으로 원칙을 도출하고 이를 새로운 딜레마에 적용한다. 평범하고 단순한 사례라면 이골이 나 있기 때문에 복잡할수록 좋아한다. 그러나 그중 소수의 사람들은 복잡한 것을 단순하게 만들고 모두가 문제를 이해하게 도움으로써 외려 큰 규모의 일을 해결할 수 있다.

그렇게 하는 한 가지 간단한 방법은 문제를 추상적인 숫자의 영역에서 실제적이고 구체적인 감각의 영역으로 옮기는 것이다.

구체적이고 명확할수록 더 빨리 이해하고 더 오래 기억할 수 있다.[12] 속담이나 우스갯소리, 민요, 서사시 같은 문화적 산물은 구체적일수록 오래 기억되고 보전될 가능성이 높다. 동시에 많은 입을 거쳐 전달될수록 점점 더 구체적인 모양새를 띠게 된다.[13]

아래의 그림을 살펴보자. 구체적인 번역이 종양의 크기를 어떻게 즉시 이해시키는지 알 수 있다.[14]

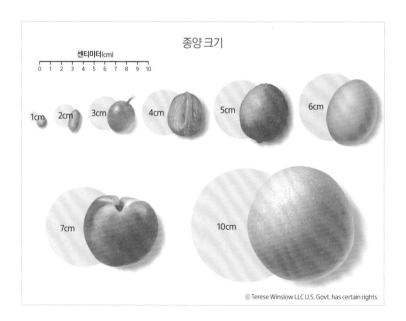

© Terese Winslow LLC U.S. Govt. has certain rights

추상적인 숫자를 구체적인 사물로

종양 크기	설명
1센티미터	완두콩
2센티미터	땅콩
3센티미터	포도알
4센티미터	호두
5센티미터	라임
5센티미터	달걀
7센티미터	복숭아
10센티미터	자몽

외부의 자극에 반응하고 있을 때는 숫자를 잘못 해석하거나 잊어버리기 쉽다. 의사와 심각한 대화를 나누는 중에 몸에 있는 종양의 크기가 3센티미터라는 말을 들었다고 하자. 30분 후면 숫자가 가물가물할 수도 있고 센티미터와 밀리미터를 혼동할 수도 있다. 그러나 "포도알 크기"는 기억하기도 쉽고 헷갈리지도 않는다. 또한 이 번역은 2차원에 국한됐던 길이를 3차원 사물로 변환하는 어려운 작업까지도 거뜬히 해낸다.

이런 구체적이고 실제적인 번역은 질량이나 중량에도 적용할 수 있다. 아래 미국 질병관리본부Centers for Disease Control, CDC에서 가져온 내용을 보자.

2장 일상에 가까운 숫자를 찾아라

건강한 식사를 위한 육류의 권장 섭취량은 끼니당 약 85~113그램이
다.

건강한 식사를 위한 육류의 권장 섭취량은 끼니당 약 85~113그램인
데, 이는 카드 한 벌과 거의 같은 크기다.

포커를 하든 솔리테어를 하든 모든 문화권에서 카드 한 벌은 일
반적으로 크기가 거의 비슷하다.[15] 이 익숙한 물건과 소고기 덩어리
를 머릿속으로 비교하는 것은 음식에서 소스를 털어내고 무게를 잰
다음 다시 접시에 올려놓는 것보다 훨씬 간단하다.

이번에는 좀 더 무거운 물체의 경우를 보자. 아시아에서 유럽으
로 이동할 때 수에즈운하라는 지름길을 사용하면 아프리카 남단을
빙 돌아갈 필요가 없다. 그래서 지금도 많은 선박이 수에즈운하를
이용하고 있다. 2021년 3월 23일, 컨테이너선 에버기븐호가 모래폭
풍을 만났다. 조타수가 시야를 확보하지 못해 배는 좌초되었고, 수에
즈운하를 가로막았다. 그 결과 운하 전체의 통행이 막혀 전 세계적
으로 운송 흐름이 중단되었다.

글로벌 운송 위기가 지속되는 동안 기자들은 어떻게 배 한 척이
국제 무역을 굴복시켰는지 설명하기 위해 열심히 머리를 굴렸다. 아
래는 2개의 번역본이다.[16]

추상적인 숫자를 구체적인 사물로

컨테이너선 에버기븐의 선체 길이는 거의 400미터에 달한다.

엠파이어스테이트 빌딩이 옆으로 넘어져 운하를 가로막았다고 상상해보라. 실제로 컨테이너선 에버기븐호는 건물 꼭대기에 있는 바늘 모양의 작은 안테나만 빼면 엠파이어스테이트 빌딩보다 더 길다.

구체성은 숫자를 진짜처럼 느끼게 만드는 중요한 열쇠다. 85그램은 추상적이다. 카드 한 벌은 구체적이다. 길이가 400미터(정확히 399.97미터)나 되는 배는 상상하기 어렵다. 엠파이어스테이트 빌딩이 쓰러져 운하를 가로막는 것은 오래도록 기억에 남을 만한 인상적인 이미지다.

두 번째 이미지는 뭔가를 구체적으로 묘사하는 것만으로도 뇌리에 찰싹 달라붙게 만들 수 있다는 사실을 알려준다. 어쩌면 400미터를 '맨해튼의 남북 방향 5개 블록'이라고 번역할 수도 있을 것이다. 하지만 수직으로 서 있는 유명한 엠파이어스테이트 빌딩(거의 40년간 세계에서 가장 높은 건물이라는 명성을 유지한)이 지상에 옆으로 누워 있는 모습을 상상해보라고 말하는 것은 단순히 구체적인 이미지를 만드는 것 이상의 효과를 발휘한다. 이 이미지는 구체적일 뿐만 아니라 마치 눈에 보이는 것처럼 생생하다. 깊은 인상을 주고 싶다면 구체적일 뿐만 아니라 생생한 이미지를 전달해야 한다. 생생한 이미지는 더 감각적이고 다채로우며 활동적이고 놀랍고 **가깝게** 느껴진다. 메시지를 단순히 이해하는 것을 넘어 마음속 깊이 실감나게 **느낄 수** 있는 것이다.

미국의 많은 시민이 보충영양지원프로그램Supplemental Nutrition Assistance Program(SNAP)을 좋아하지 않는다.[17] 세금이 많이 들어가고, 심지어 빈곤층의 분수에 맞지 않는 사치스러운 무료 점심이라고 생각하기 때문이다. 여기 지원되는 보조금은 2018년에만 610억 달러(약 81조 원—옮긴이)로 확실히 엄청난 액수이다.[18] 그러나 이 숫자를 1인당 한 끼로 나누면(앞 장에서 "한 번에 하나씩" 초점을 맞추라고 했으니까) 평균은 고작 1달러 37센트에 불과하다. 1달러와 동전 몇 개를 떠올리면 이 "공짜 점심"이 얼마나 적은 돈인지 구체적으로 실감할 수 있다. 하지만 여기서 더 나아가 한 끼로 번역하면 더 생생한 경험을 그릴 수 있다.

SNPA이 지원하는 1인당 한 끼 식사의 평균 비용은 1.37달러에 불과하다.

1.50달러 이하로 만들 수 있는 레시피를 홍보하는 웹사이트에는 토마토 마카로니 샐러드(1인분에 1달러 41센트), 감자부추수프(1인분 1달러 28센트), 바삭한 참치캐서롤 3조각(1조각 당 50센트) 등의 식단이 실려

추상적인 숫자를 구체적인 사물로

이게 꼭 필요한 레시피로 보이든 말든 상관없이 눈 씻고 봐도 고급스럽다거나 사치스러워 보이지는 않는다. SNAP에 회의적인 유권자들한테서 부러움을 살 만한 것은 아무것도 없다. 저 조리법을 올린 사람들이 설명하지 않는 게 있다면, 음식의 주재료는 1달러 50센트밖에 안 될지 몰라도 그 음식을 만들려면 다른 자잘한 재료와 양념이 갖춰진 찬장이 있어야 한다는 것이다. 가령 참치캐서롤에는 버터 세 스푼이 들어가는데, 이 버터는 월마트에서 1파운드 당 약 3달러에 판매된다. 이건 SNAP의 하루 예산에 가까운 금액이다.

구체적인 것을 더욱 생생하게 만드는 또 다른 예시를 살펴보자.

미국에서는 가장 부유한 최상위 1%가 전체 부의 31%, 상위 10%가 약 70%의 부를 차지하고 있다. 하위 50% 인구가 소유한 부는 전체의 2%에 불과하다.[20]

층마다 10세대씩 있는 10층짜리 아파트가 있다고 하자. 제일 부유한 한 사람이 혼자서 아파트 31세대를 소유하고 있고, 이 건물에서 가장 부유한 10명이 다 합쳐 70세대를 보유하고 있다. 제일 가난한 사람과 자산이 10만 달러 미만인 사람들은 집을 함께 쓰고 있다. 즉 당신이 제일 가난한 사람이라면 다른 49명과 함께 아파트 2세대에 살고 있는 것이다.

이 구체적이고 생생한 자료가 데이터를 시각화하는 데 적합하다는 생각이 든다면, 틀리지 않았다. 하지만 뇌는 그 자체로도 최첨단 프로세서다. 우리는 상상력을 동원해 이 아파트를 3차원 이미지로 그릴 수 있고(이 아파트 건물은 〈프렌즈〉에서 챈들러와 조이, 모니카와 레이첼이 살고 있는 건물처럼 갈색 벽돌로 지어져 있다), 우리의 뇌가 만든 이미지는 어떤 인포그래픽보다 더 강한 설득력을 지닌다. 왜냐하면 다른 49명과 함께 두 채의 집에 비좁게 모여 사는 기분을 생생하게 느낄 수 있기 때문이다. 어떤 인포그래픽도 사람들에게 그런 폐소공포증을 느끼게 하지는 못할 것이다.

생생한 번역은 여러 감각을 자극할 수 있다. 벌새에 관한 다음의 구체적인 이미지는 미각을 비롯해 다른 신체적 감각을 실감 나게 자극할 것이다.[21]

벌새의 몸무게는 약 3그램으로 하루에 3~7칼로리Cal를 섭취하며, 신진대사 속도는 인간의 약 50배다.

추상적인 숫자를 구체적인 사물로

벌새의 신진대사 속도는 매우 빠르기 때문에 만일 벌새가 평균 성인 남성과 몸집이 같다면 깨어 있는 동안 1분마다 콜라를 1캔 넘게 섭취해야 한다. 즉 하루 16시간 동안 시간당 67캔의 콜라를 마셔야 한다.

우리는 신진대사가 빠르다는 게 어떤 의미인지, 특히 "50배"가 무슨 의미인지 곧바로 실감하지 못한다. 하지만 1분마다 콜라를 1캔씩 마신다고 상상하면 구체적이고(실제 존재하는 음료) 생생하게(짧은 시간 동안 당분을 과도하게 섭취하면 어떤 기분이 드는지, 종일 어떤 상태일지 상상할 수 있다. 벌새가 날개를 그렇게 빨리 파닥거리는 것도 당연하다!) 느낄 수 있다. 생물 교과서를 읽을 때처럼 지루한 게 아니라 경이로움을 느끼게 될 것이다.

생생한 묘사는 대개 더욱 다채롭고 활동적으로 느껴진다.[22] 더 즉각적으로 다가온다. 무언가 지금 이 순간, 바로 여기서, 우리에게 일어나고 있는 것이다. 이러한 느낌은 기억 속에 상황을 각인시키고 동기를 부여하여 행동과 사고방식을 변화시킨다.

특히 묘사가 개인적인 영역에 해당하고 평소 익숙한 행동과 연관돼 있다면 더욱 생생하게 느껴질 것이다.

2014년 토요일, 오하이오주 톨레도(주변 지역 포함 인구 65만 명)의 한

> 정수장에서 조류漢類 독소가 발견되자 시 당국은 수도권 상수도 시설을 이용하는 50만 명에게 수돗물 사용을 중단할 것을 요청했다.

> 인구 65만 명의 오하이오주 톨레도 지역에 거주하는 주민 5명 중 4명은 부엌 수돗물을 마시면 조류 독소를 섭취하게 된다.

정수장에서 독소가 발견되었다는 사실은 뉴스 기사다.[23] 그런데 우리 집 수돗물이 오염되었다는 것은 개인적인 위험으로 다가온다. 이 번역은 거대한 문제를 평범한 사람들의 삶으로 가져온다. 우리는 흔히 수돗물을 마시기 때문에 그 단순한 행동이 건강에 치명적인 해를 끼친다는 사실을 알면 어떤 기분이 들지 쉽게 상상할 수 있을 것이다.

이 장은 1마이크로초의 길이라는 다소 난해한 내용으로 시작되었다. 우리가 실제로 마이크로초 자체를 이해하리라고는 기대하지 않는다. 다만 구체적인 묘사가 우리가 모르는 것을 명확하게 설명해주기 때문에 메시지의 중요성을 이해할 뿐이다. 적어도 호퍼의 번역은 이해할 수 있지 않은가.

마찬가지로 다음 번역에서 언급된 거리 또한 우리는 상상하기 어렵고, 그 사실을 알고 있다.

지구에서 가장 가까운 태양계까지의 거리는 4.25광년이다.

지구에서 가장 가까운 별은 얼마나 멀리 있을까? 우리 태양계의 크기가 25센트 동전만 하다고 하자. 축구 골대 옆에 25센트를 놓아두고 반대편 골대를 향해 걷는다. 반대편 골대에 도착하면 다시 25센트 동전 하나를 바닥에 놓는다. 이게 바로 우리 지구와 가장 가까운 이웃인 프록시마센타우리다. 두 동전 사이에는 차갑고 검은 우주 공간 말고는 아무것도 없다.[24]

여기서 핵심은 광활한 우주 공간을 거리를 의미하는 구체적인 단어로 표현하는 것이다. 모든 요소를 방 하나, 또는 한 폭의 그림 속에 담는다면 아주 강력한 효과를 얻을 수 있다.

1나노초 동안 이동하는 전자의 속도, 광년으로 표현되는 광활한 우주. 이런 정보를 효과적으로 전달하려면 유용한 도구가 필요하다. 그러나 숫자는 직관적이지 못하며, 아주 단순한 숫자조차 구체적인 번역을 거치는 편이 훨씬 효과적이다. 예를 들어 우리는 7년이 무슨 의미인지 안다고 생각하지만 사실은 그렇지 않다. 그러므로 숫자를 맥락 속에 배치하면 더 큰 효력을 발휘할 수 있다.

몇 년 전 칩은 학생들에게 소비자에게 소형 형광전구(CFL)의 장점을 이해시킬 방법을 생각해보라는 과제를 냈다가 도리어 학생들에게서 가르침을 얻은 적이 있다. 그 당시에 형광전구는 평범한 백열전구보다 비쌌지만(7달러와 1달러) 전력소비량은 4분의 1에 불과했다. 발표 시간이 되었을 때, 한 그룹이 칩이 가르친 원칙을 바탕으로 과제의 내용을 조금 수정했다고 말했다. 그들은 "전력소비량은 추상적이기 때문에 전구를 쉽게 교체할 수 있다는 편의성에 초점을 맞추기로 했다"고 말했다. "형광전구는 약 7년간 사용할 수 있기 때문에 특히 소켓에 손을 대기 어려울 경우 매년 전구를 교체하는 것보다 훨씬 좋은 선택이다." 아래의 번역이 그들이 전한 메시지다.

> 형광전구는 일반 전구에 비해 전력소모량이 4분의 1에 불과하며, 일반 전구가 '매년' 교체해야 하는 반면 형광전구의 교체 간격은 약 7년이다.

> 만일 당신의 자녀가 걸음마를 시작했을 때 집안 조명을 형광전구로 교체한다면, 다음번 전구를 교체할 즈음 아이는 초등학교 2학년이 되어 산소에 대해 배우고 있을 것이다. 그리고 그 다음번에 전구를 교체할 즈음에는 운전면허증을 따고 있을 것이다.

이 발표는 20년 넘게 학생들을 가르쳐온 칩에게도 손에 꼽을 만큼 귀한 경험이었다. 학생들이 동급생에게 박수갈채를 보낸 것이다.

7년이라는 시간이 얼마나 되는지, 아마 다들 내심 알고 있다고

추상적인 숫자를 구체적인 사물로

생각할 것이다. 하지만 시간의 흐름은 정확히 이해하기 어려운 개념이다. 살다 보면 시간은 어느새 조용히 흘러 있고, 삶에서 유난히 인상적인 사건을 떠올릴 때에야 그 사실을 깨닫게 된다. 그러나 일단 시간의 흐름을 인식하고 나면 그것을 이해하는 것은 물론이고 지극히 실감하게 된다. "우와, 정말 오래가는 전구구나!"(그리고 동시에 "아이들이 이렇게 빨리 자라다니, 다음 주말엔 애들을 데리고 동물원에 가야겠어.")

칩은 이 연습 활동을 통해 두 가지를 배웠다. 첫째, 학생들이 도전을 원하면 믿고 맡겨라. 둘째, '7년'처럼 단순하고 명백한 개념도 더 구체적으로 만들 수 있다.

구체성이 정보에 날카로움과 신랄함을 더해주는 마지막 예시를 소개한다. (인터넷에는 이 밈의 여러 변형이 있다. 독자 여러분을 위해 정보의 정확성을 검증했음을 밝힌다.)

77억 인구가 사는 지구를 100명이 사는 마을로 축소하면:[25]
5명은 북미 출신이고 8명은 중미 출신이며, 10명은 유럽, 17명은 아프리카에서 왔다. 나머지 60명은 모두 아시아 대륙 출신이다.
어린이(14세 이하)는 26명이다.
31명은 기독교인, 24명은 이슬람교인, 15명은 힌두교인, 7명은 불교인이다.
7명은 영어가 모국어이고 20명은 영어를 제2외국어로 사용한다.
14명은 문맹이고 7명은 대학을 졸업했다.

2장 일상에 가까운 숫자를 찾아라

29명은 과체중이고 10명은 굶주리고 있다.

사실 이건 아주 방대한 인구 통계 자료다. 어찌나 길고 내용도 많은지 한두 페이지에 전부 담을 수도 없고 일부러 찾아 읽어보는 사람도 별로 없다.

그러나 이 자료는 진짜 사람들에 관한 것이며, 따라서 이를 전달하는 구체적인 방법 역시 사람을 통해 설명하는 게 좋다. 셀 수도 없고 평생 만날 일도 없는 수십억 사람들이 아니라 당신과 한 동네에 같이 살고 있는 이웃 사람들이라고 상상하면 그때부터 숫자는 단순한 개념이 아닌 현실이 된다. 글로벌 정책을 세우든 마케팅 기획을 하든 단순히 특정한 문제를 모델링하는 것이 아니라, 이 세상에 어떤 사람들이 살고 있는지를 다시 한번 생각해보게 한다.

수학적 도구가 아무리 발달한들 구체적인 문제를 생각하는 데 있어 우리 자신에게 내재된 도구만큼 직관적인 것은 없다. 마음의 힘을 발휘해라. 숫자를 구체적이고 실제적인 것으로 표현해라.

숫자를 다양한 단위로 바꿔라
시공간·거리·돈, 그리고 프링글스까지

어떤 차가 시속 30킬로미터로 달리고 있다면 평범하게 동네를 지나가는 길일 것이다. 만약 그 차량의 길이가 30피트(약 9미터)라면 고급리무진이다. 무게가 30킬로그램이라면 전동 장난감이다. 그 차의 실내 온도가 30도라면 너무 춥거나(화씨인 경우) 너무 더운 것이다(섭씨인 경우). 이렇게 '30'이라는 숫자 자체에는 아무 느낌도 감정도 없다. 30이라는 숫자에 적용되는 모든 단위는 서로 다른 경험을 측정하며, 이 각각의 경험들은 뇌의 각기 다른 부분에서 처리된다.

이 사실을 이용하면 사람들에게 숫자를 이해시킬 수 있다. 숫자와 계산, 비교만으로 즉각 이해시킬 수 없다면 거리나 수량, 부피, 밀도, 속도, 온도, 돈, 시간 등 완전히 다른 유형의 단위로 변환해보라.

숫자를 시간으로 변환하면 다양한 상황에서 유용하게 사용할 수 있다. 바쁜 일정이 지배하는 현대 사회에서는 시간을 가늠하고 계산하는 일이 비일비재하기 때문이다. 좋아하는 커피숍이 몇 킬로미터 떨어져 있는지는 몰라도 거기까지 가는 데 얼마나 걸리는지는 다들 알고 있지 않은가.

다음 예시를 통해 추상적인 숫자를 시간으로 변환하면 얼마나 사실적으로 느껴지는지 살펴보자.

100만 초는 12일이다.

10억은 1,000,000보다 1,000배 더 크다.

10억 초는 32년이다.[26]

모든 단위에서 이러한 변환을 시도해보라. 가령 뭔가에 300을 곱한다고 치자. 미국인의 평균 키(168센티미터)에 300을 곱하면 자유의 여신상 꼭대기에 에펠탑을 올려놓은 것보다도 높다.[27] 맨해튼 34번 가에서 센트럴파크까지의 거리에 300을 곱하면 캐나다 몬트리올까지 갈 수 있다. "1분이면 됩니다" 곱하기 300은 (매일같이 공항에서 발생하는) 5시간 지연을 의미하며, 5달러 지폐는 1,500달러가 된다. 상사와 함께 엘리베이터를 타고 있는 시간이 마음속으로만 10시간처럼 느껴지는 게 아니라 실제로 10시간이 된다.

이 모두가 단순히 300배라고 하는 것보다 훨씬 직관적이고, 각자 독특한 장점을 지닌다. 이 장은 엄격한 규칙보다는 영감을 자극하는 가이드에 가깝다. 여러 레퍼토리에서 각각의 상황에 맞게 어떤 카드를 꺼내 교환하면 좋을지 알려주는 것이다.

돈을 시간으로

엔지니어 100명으로 구성된 우리 개발팀은 커피를 많이 마신다. 층마다 탕비실을 갖추려면 1만 5,000달러가 소요되며, 추가로 물품 공급 및 유지비가 들 것이다.

커피를 마시기 위해 휴게실로 내려가는 데 1인당 하루 10분씩 쓴다고 가정하면 우리 엔지니어들은 카페인을 섭취하는 데 일주일에 80시간을 소비하는 셈이다. 커피 메이커를 들인다면 몇 주 만에 그 비용을 충당할 수 있다. 현 시스템은 2명의 정규직 엔지니어를 고용해 종일 사무실에서 휴게실까지 왔다 갔다 하는 업무를 맡기는 것과 같다. 게다가 그들이 복도에서 시시덕거리는 농담은 드라마 〈웨스트윙 West Wing〉과는 비교도 안 될 만큼 지루하고 형편없다.[28]

확률을 셀 수 있는 것으로

영국에는 5,000만 명이 조금 넘는 인구가 살고 있으며, 매일 약 50명이 욕조에서 미끄러지고 강물에 휩쓸리고 사다리에서 떨어지는 등의 사고로 사망한다. 영국에서 사고로 사망할 확률은 대략 100만 분의 1이다.[29]

영국에서 당신이 어느 날 갑자기 죽을 확률은 상대방이 머릿속으로 기원전 500년부터 2200년 8월 1일 사이의 어떤 날짜를 생각하고 있는지 맞힐 확률과 같다.

급작스러운 사고로 사망할 확률인 100만 분의 1은 모든 위험 유형을 측정하는 기준과 단위에 관심이 있던 연구자들의 연구 결과다.[30] 이들은 100만 분의 1이라는 사망 확률 단위에 '마이크로모트micromort'라는 이름을 붙였고, 이 단위를 적용할 수 있는 다양한 위험을 찾아 데이터를 수집하기 시작했다. 가령 오토바이를 타고 시속 70킬로미터로 달리는 것은 11마이크로모트다. 전신 마취는 5마이크로모트이고 스카이다이빙은 한 번 뛰어내릴 때마다 7마이크로모트다. 하지만 이는 다양한 위험과 연관된 경험적 사망률과 크게 다르지 않다. 다시 말해 이런 활동들이 실제로 얼마나 위험한지 실감하게 하는 데는 별 도움이 안 된다는 얘기다.

그래서 우리는 마이크로모트가 아니라 호그와트를 기준으로 하는 보편적 확률을 이용하자고 제안한다. 모든 『해리 포터』 시리즈 책이 도서관 책장에 나란히 꽂혀 있다고 상상해보라. 시리즈의 두 번째 책인 『해리 포터와 비밀의 방』을 책장에서 빼면(다들 이 책을 제일 좋아하니까) 6권이 남는데, 이 6권에 포함된 영어 단어는 대략 100만 단어다.[31] 이제 남은 책 중 하나를 내키는 대로 골라 무작위로 책을

숫자를 다양한 단위로 바꿔라

펼치고, 단어 하나를 무작위로 골라 빨간색으로 X자를 그린다. 그러고는 책을 다시 책장에 꽂아 넣은 다음『해리 포터와 비밀의 방』은 카페에 가서 읽어라.

이제 어떤 사람이 도서관에 들러 책의 제목은 보지도 않고 그중 한 권을 골라 손가락으로 아무렇게나 한 단어를 짚었는데 그게 당신이 빨간 X를 친 단어일 확률이 얼마나 될까? 100만 분의 1이다.

이 '해리 포터 기준'은 다른 영역에도 확대 적용할 수 있다. 예를 들어 위에서 언급한 것처럼 스카이다이빙 사고로 사망할 확률은 7 마이크로모트, 즉 100만 분의 7이다. 그렇다면 친구에게 6권의 책 중에 단어 7개를 골라 X표를 치라고 부탁하면 될 것이다. '해리 포터 비유'를 쓰면 더 용감해진다. "100만 분의 7"이라는 말을 들었을 때 우리는 겁을 내는 경향이 있다. 버킷리스트를 즐기는 99만 9,993명이 아니라 불운이 겹쳐 사고를 겪은 7명에게 관심을 집중하게 되기 때문이다. 그러나 수천 페이지의 책에서 빨간색 X자가 그려진 단어 7개를 상상하면 위험에 대한 걱정이 줄게 된다.

파워볼 복권 당첨 확률: 292,201,338분의 1

수퍼볼 복권에 당첨된 확률은 상대방이 당신이 태어난 순간부터 9세가 될 때까지의 어떤 특정한 날짜의 시, 분, 초를 생각하고 있는지 맞힐 확률과 같다.

2장 일상에 가까운 숫자를 찾아라

당첨금은 전부 당신 거다! 당신이 할 일은 저기 접혀 있는 쪽지에 적혀 있는 미국인의 이름을 맞히는 것뿐이다(힌트: 모두 10세 이상).

추상적인 숫자를 셀 수 있는 사물로

벽돌 건물, 수억 개의 물방울로 이뤄진 욕조, 단어가 모여 만들어진 책, 순차적 여행 단계 등 여러 구성 요소로 이루어진 사물을 상상해보라.

2016년 연방 예산 지출안(3조 9,000억 달러) 중 0.004%인 1억 4,800만 달러가 국립예술기금위원회에 배정되었다. 여론의 비판에 따라 이를 삭감해야 할까?

국립예술기금위원회를 없애 예산 균형을 맞추는 것은 교정을 본답시고 9만 단어짜리 소설에서 단어 4개를 지우는 것과 같다.[32]

칼로리를 친숙한 행동으로

M&M 한 알은 4칼로리다.

M&M 한 알의 칼로리를 소모하려면 계단을 두 층 걸어 올라가야 한다.

프링글스 한 조각은 10칼로리다.

프링글스 한 조각의 칼로리를 소모하려면 160미터, 거의 축구장 2개 거리를 걸어야 한다.[33]

상태를 누구나 이해할 수 있는 높이로

그의 논문은 과학논문 사이트 웹오브사이언스 Web of Science에서 가장 많이 인용된 100편의 논문 중 하나다.

학술 문헌의 방대한 규모는 상위 100편의 논문이 극단적인 특이값임을 의미한다. 웹오브사이언스는 약 5,800만 편의 논문을 보유하고 있다. 이 어마어마한 말뭉치를 킬리만자로산에 비유하면 가장 많이 인용된 논문 100개는 킬리만자로산 정상의 끝부분 1센티미터에 해당한다. 1,000회 이상 인용된 논문은 약 1미터 반에 해당하는 1만 4,499개다. 산기슭은 단 한 번 인용된 논문인데, 사이트 항목의 절반에 해당한다.

— 네이처닷컴Nature.com에서 발췌[34]

이제까지 다양한 단위를 넘나드는 번역을 보았으니 잠시 멈춰 숫자의 활용성을 찬양하는 시간을 가져보자. 만약 어떤 외계 종족이 산의 높이와 이동 속도, 게임의 어려움, 영양 성분, 순간적 반응, 일정 계획 방식, 삶의 궤적, 출판계에서의 상대적 성공처럼 놀랍도록 다양한 범주를 단 한 단어로 의미 있게 묘사할 수 있다면 우리는 그들 언어의 유연성에 경외감을 느낄 것이다. 하지만 실제로 숫자는 이 모든 것을 할 수 있다.

그러나 숫자를 전문적으로 다루는 이들조차 이 사실을 잊어버리기 일쑤다. 숫자를 있는 그대로 표현하고 싶을 수도 있지만, 사실 그것은 숫자가 지닌 고유한 유연성을 간과하는 행위다. 가능하다면 숫자가 지닌 이 놀라운 힘을 활용해 우리의 경험을 다양한 차원으로 설명하고, 그러면서도 말이 되도록 만들어야 한다.

숫자를 남에게 설명할 때나 이해시키려 할 때는 숫자의 이런 어마어마한 능력을 기억해야 한다. 여기 연습 활동을 하나 소개한다. 1%의 의미를 이해시킬 방법에는 어떤 것들이 있을까? 워낙 자주 보는 숫자다 보니 우리는 종종 이것을 잘 이해하지 못한다는 사실을 간과하곤 한다. 1%를 어떻게 번역하면 좋을까? 어떤 단위를 사용할 것인가? 몇 가지 예를 생각해보자.

1달러 중 1센트

한 세기 중 1년

친구들과 함께 2분 정도 생각해본 다음, 우리가 생각해낸 예시를 확인해보라.*

단위 혼합의 잘못된 예시

1981년 2월 의회 연설에서 로널드 레이건Ronald Reagan 대통령은 역사상 최초로 1조 달러에 육박한 국가 부채가 얼마나 많은 액수인지 설명하기 위해 다음과 같이 말했다.

● 　1%의 의미를 느끼거나 파악하거나 이해하는 법: 프링글스 한 통에 들어 있는 감자칩 중 한 조각. 카드 두 벌에서 골라낸 카드 1장. 1년 중 4일. 100미터 달리기 중 1미터. 평균 길이의 영화에서 1분.

두께 12센티미터 정도 되는 1,000달러짜리 지폐 한 뭉치를 손에 쥐고 있으면 백만장자입니다. 1조 달러면 1,000달러짜리 지폐가 거의 108킬로미터 높이로 쌓여 있다고 보면 됩니다.

명석하고 카리스마 넘치는 소통으로 유명한 레이건은 미국 국민에게 국가 부채가 너무 많다고 설득하려 했다. 레이건의 뒤에는 정치학자와 정책 전문가, 연설문 작성자 등 미국에서 가장 똑똑하고 철두철미하다는 이들로 구성된 팀이 있었다. 그들은 보수적 관점에서 보기에 중요한 문제를 두고 대중을 절박하게 설득하려고 했다. 그들의 눈에 이미 과도하게 커 보이는 부채를 지면서까지 정부 부문에 재정을 지원하고 싶지 않았던 것이다. 그들은 세계에서 가장 크고 강력한 발언대를 갖고 있었고, 그들의 말을 전국에 송출할 3대 방송국이 있었다. 미국 국민 대다수의 시선이 텔레비전에 고정되어 있었는데, 그 순간 그들은 고작 지폐나 쌓기로 한 것이다.

달러 지폐를 쌓아 그 액수를 계산해본 적이 있는가? 시장에서 "아보카도—5센트 동전 더미 7.8센티미터"[35]라고 쓰인 팻말을 본 적은? (그렇다. 우리는 이 농담*의 사실 여부를 확인해봤다. 우린 숫자에 미친 괴짜들이니까.)

"108킬로미터 높이"는 추상적이다. 국가 부채가 얼마나 많은지

● 　일반적으로 아보카도의 가격은 약 2달러고, 5센트 니켈 동전의 두께는 1.95밀리미터다. 40 니켈×1.95밀리미터＝78밀리미터다.

숫자를 다양한 단위로 바꿔라

는 여전히 수수께끼다. 그렇다면 이 금액을 더 실감 나게 표현하려면 어떻게 해야 할까?

만일 레이건이 1의 힘을 사용해 남녀노소 가릴 것 없이 미국 국민 모두가 1인당 4,000달러의 빚을 지고 있다고 말했다면 훨씬 효과적이었을 것이다. 아니면 몇 명을 묶어 미국의 모든 가구가 약 1만 2,000달러의 부채를 짊어지고 있는 것이나 다름없다고 표현했다면 어떨까?

그랬다면 겁은 좀 덜 날지 몰라도 상황을 훨씬 명확하게 이해시킬 수 있었을 것이다. 대부분의 미국 가정은 주택담보대출로 그보다 더 많은 빚을 지고 있으니까. 1983년 미국 주택 가격의 중앙값은 8만 달러였다. 자기자본 20%에 남은 금액을 은행 대출로 조달한다면 일반 가정은 대략 6만 4,000달러의 부채를 안고 있는 셈이다.

사람들의 두려움을 덜어주는 것이 레이건의 목적에 부합하는지 아닌지에 대해서는 차치하고, 숫자를 지폐 더미의 높이가 아니라 가구당 부채로 표현했다면 정부 부채에 대한 초당적 논의를 촉진하는 데는 확실히 도움이 되었을 것이다.

청중에게 숫자를 이해시키고 싶다면 직관을 자극해야 한다. 직관은 종종 추상적인 숫자를 명확하게 이해하는 데 도움이 된다. 수백만과 수십억을 '초'로 변환하면 그 차이를 더 쉽게 '이해'할 수 있고, 우주의 크기를 축구장에 비유하면 광년의 개념이 더 실감 나게 다가온다. 물론 숫자를 특정 단위로 변환한다고 해서 항상 이해에 도움이 되는 것은 아니다. 수조 달러의 현금을 지폐로 쌓아 올려봤자 국가 부채에 대한 생산적 논의에는 별 도움이 되지 않는다. 그러나 유용하고 적절한 기준을 현명하게 선택하여 번역한다면 사람들의 사고와 행동을 바꿀 수 있다.

스카이다이빙을 하다 비극적인 결말을 맞이할 확률이 100만 단어짜리 『해리 포터』 시리즈 소설에서 빨간 줄이 그어져 있는 단어 7개 중 하나를 고를 확률이라고 생각하면 버킷리스트에 스카이다이빙을 넣어도 괜찮을 것 같다는 생각이 든다. 숫자를 번역한 것만으로 누군가 비행기에서 거침없이 뛰어내리게 할 수 있다니, 이 얼마나 강력한 힘인가!

휴먼스케일,
사람이 기준이다

앞에서 우리는 잘못된 비교의 예시를 보았다. 레이건은 수조 달러를 지구의 가장 높은 대기층에 닿을 정도로 높이 쌓아 올린 지폐 더미에 비유했는데, 그 광경을 쉽게 상상할 수 있는 사람은 없다. 실제 거기 가본 사람이 없기 때문이다.

태양까지의 거리, 한없이 넓은 망망대해, 에베레스트산의 높이……. 어떤 것들은 너무 크고 방대해서 상상하기가 어렵다. 또 어떤 것들은 너무 작다. 나노 입자나 바이러스, 아니면 방탄소년단 콘서트 티켓을 구할 확률을 생각해보라. 우리의 경험을 지나치게 능가하거나 너무 작은 범위의 수치를 이해하려면 휴먼스케일human scale, 즉 인간적인 규모로 번역해야 한다.

에베레스트산이 다른 산보다 훨씬 높다는 사실을 어떻게 제대로 실감할 수 있을까? 우리가 아주 작다고 상상해보자. 작지만 눈에 보이는 수준으로 말이다.

중간 단계의 번역에서는 인간을 연필 수준으로 축소하고 에베레스트산을 7층짜리 건물에 비유한다.[36] 하지만 이 건물 비유는 우리에게 익숙한 경험이 아니다. 도시 사람들에겐 7층짜리 건물이 너무 낮고 교외 사람들에게는 너무 높게 느껴지기 때문이다.

에베레스트산의 높이는 8,848미터다.

우리가 지우개 달린 연필이라면 에베레스트산은 7층 반짜리 건물이다.

우리가 카드 6장을 겹친 높이라면 에베레스트산은 다락방이 딸린 교외의 2층집이다.

가장 아래 번역까지 거쳐야 다수의 경험에 가까워진다. 만일 인간이 카드 6장을 겹친 높이라면(이러면 숫자 계산을 하기도 편리한 1,000 대 1 비율이 된다)[37] 에베레스트산은 2층집과 비슷한 약 8.8미터다. 세계에서 두 번째로 높은 산인 K2의 높이는 약 8.5미터로, 에베레스트산과 고작 30센티미터 차이다.

올바른 비교는 넓은 관점으로 파악하고 통찰력을 얻을 수 있게 해준다. 크고 높은 건물 옆에 놓인 카드 몇 장이 얼마나 작고 초라해 보일지는 누구나 쉽게 상상할 수 있다. 그러나 가장 놀라운 사실은 K2의 높이가 에베레스트산과 별반 차이가 나지 않는다는 것이다. K2만이 아니다. 카라코람2라고도 불리는 K2에 그런 이름이 붙은 것은 그 지역에 비슷비슷한 높이의 거대한 산들이 워낙 많아 굳이 봉우리마다 일일이 특별한 이름을 붙이는 수고를 하지 않았기 때문이다(카라코람은 산맥 이름이다). 에베레스트산이 있는 히말라야산맥에는 7,000미터 이상의 산봉우리가 100개가 넘는데 이는 우리의 축소 모델에서 약 7미터에 해당한다. 이 산들에 비하면 세상 전부가 납작해 보일 판이다.

사실 히말라야산맥에는 유리한 점이 있다. 평균 높이 4,500미터의 티베트고원에 자리 잡고 있어 처음부터 높은 '기슭'에서 출발하기 때문이다.

그러니 이 아시아 산악지대를 여러 블록에 걸쳐 있는 동네라고 가정해보자. 이 동네 건물들의 높이는 7미터에서 8.8미터에 이르며 그중에서 가장 높은 곳은 에베레스트산이다. 그리고 모든 건물이 지면에서 4.5미터 위에 있는 티베트고원이라는 테라스를 공유하고 있다.

이에 비해 다른 동네는 어떨까? 로키산맥에서 가장 높은 산은 약 4.3미터로, 테라스 높이에도 못 미친다. 알프스산맥에서 가장 높은 몽블랑은 4.8미터이며 티베트 고원을 30센티미터 정도 위에서 내려다볼 수 있다. 애팔래치아산맥의 가장 높은 봉우리는 2.1미터인데,

이 정도면 평균 키의 사람이 손을 뻗으면 닿을 수도 있는 높이다. 영국 스코틀랜드의 하일랜드는 기껏해야 1.3미터에 지나지 않는다. 카드 더미에 비하면 높지만 세계에서 가장 큰 산과는 비교도 되지 않는다.

축척을 설정하는 데 시간이 좀 걸리긴 했지만 이 간단한 변환은 세계 지리에 대해 꽤 많은 정보를 가르쳐준다. 지난 수십 년 동안 세계지도나 심지어 학교 수업에서도 배우지 못한 사실들이다. 여기서 필요한 건 알맞은 척도다. 산의 크기를 지나치게 크게 줄이면 접근이 어렵다고 느껴질 것이다. 반대로 너무 작게 줄이면 비교 대상의 차이를 확실히 인식하기가 어렵다. 카드 6장 높이에 불과한 인간은 아예 지도에 표시되지도 않을 테고 말이다.

인간적 규모로 비교할 때는 우리가 일상적으로 사용하는 평범한 주변 사물들을 활용하는 게 좋다. 구체적이고 친숙한 게 최고다.

이 책의 앞부분에 나온 예시는 어떨까? 전 세계 수자원의 97.5%가 바닷물이다. 담수는 2.5%에 불과하며 그중 99% 이상이 빙하와 설원에 눈과 얼음의 형태로 갇혀 있다. 전체적으로 인간과 동물이 마실 수 있는 물은 지구상에 존재하는 모든 물의 0.025%에 불과하다.

> 지구상에 존재하는 모든 물을 올림픽 수영 경기장에 담는다면 그중 인간이 마실 수 있는 물은 약 약 174리터다. 대략 평범한 욕조 하나를 채울 수 있는 양이다.[38]

휴먼스케일, 사람이 기준이다

지구상에 존재하는 모든 물을 약 4리터 물병에 담는다면 그중에 인간이 마실 수 있는 물은 20방울이 채 되지 않는다.

"수영장"과 "4리터 물병" 모두 백분율보다는 좋은 비유다.

하지만 경기용 수영장은 분명 구체적인 사물이긴 해도 우리에게 그리 친숙하지는 않다. 텔레비전에서 혹은 직접 봤을 수도 있지만 거기에 물이 얼마나 많이 들어갈지는 쉽게 감이 오지 않는다.

사람들은 특이하게도 '올림픽 수영 경기장'이나 '코끼리' 또는 '점보제트기'처럼 무언가 커다란 것에 비유하려는 경향이 있다. 우리는 이를 거대주의라고 부르는데, 크고 중요해 보이는 것으로 깊은 인상을 주고 싶은 마음에서 비롯된다. 거대주의는 확실히 감각적으로 자극을 주지만 이해력을 향상시키지는 못한다. 도리어 규모가 일정 수준을 넘어서게 되면 우리는 제대로 이해하기보다 그저 "우와" 하는 감탄사만 지르고 끝날 것이다.

앞서 본 에베레스트산의 경우 우리는 만내 빙영을 활용 했디. 그고 높은 산을 중간 크기의 집으로 치환한 것이다. 이것이 인간적 규모의 힘이다. 우리는 이제껏 평생 구름 위로 솟은 산을 보며 "우와" 하고 감탄했지만 이제는 "아, 알겠어!"가 된 것이다.

잘못된 척도를 사용하는 것 외에도, 거대주의는 우리를 낯선 경험으로 이끈다. 우리는 올림픽 경기용 수영장에 물을 채워본 적도 없고 욕조에 담긴 물을 마셔본 적도 없다. 이런 비유는 우리의 기억이나 경험과 일치하지 않는다.

그러나 4리터 물병에 비유한 두 번째 예시를 보라. 우리는 4리터 물병을 써본 적이 있고 거기 담긴 물을 마신 적도 있다. 이 비교는 수영장의 염소 냄새를 떠올릴 필요 없이 누구나 손쉽게 상상할 수 있는 사물을 사용한다.

평범한 사물로 거대주의를 타파하고 복잡해 보이는 행동을 더욱 인상적으로 기억에 남게 하는 또 다른 예시를 소개한다. 아래 문장은 제프리 클루거Jeffrey Kluger의 『인류의 가장 위대한 모험: 아폴로 8』에서 가져온 것이다.

대기권에 안전하게 진입하기 위해 아폴로 8호 승무원들이 조준할 수 있는 진입폭은 겨우 2도 남짓이었다.

야구공과 농구공을 바닥에 7미터 간격으로 바닥에 놓아라. 대략 농구 골대와 3점슛 라인 사이의 거리다. 그런 다음 종이 한 장을 꺼내보라.

만일 지구가 농구공이고 달이 야구공이라면 둘의 사이의 거리는 7미터다. 이때 약 24킬로미터 너비의 진입 구간은 종이 한 장 두께도 되지 않는다.

이 예시의 경우, 올바른 척도를 찾는 것이 쉬운 일은 아니다. 지구의 크기, 달의 크기, 둘 사이의 거리, 그리고 종이처럼 얇은 재진입폭까지, 비교할 수치가 4개나 되기 때문이다. 그러나 정말 중요한 것에 초점을 맞춘다면 네 가지 숫자를 전부 인간적 규모로 변환할 수 있다. 재진입폭을 키우면(가령 종이가 아니라 신용카드에 비유할 경우) 달과 지구 사이의 거리가 너무 멀어져 방 하나에도 다 들어가지 않는다. 이 단순한 설명—이해하기도 쉽고 재현하기도 쉬운—은 제일 흔한 계산 장치가 고작 계산자였던 시절에 낮은 기술 수준의 독창성만으로 대기권 진입 같은 정확한 작업을 성공시켜야 했던 NASA의 어려움을 이해할 수 있게 해준다.

거대한 것을 인간적인 규모로 축소할 수 있다면 작은 것을 크게 확대할 수도 있다. 대자연 속에서 사막개미가 얼마나 멀리까지 이동할 수 있는지 보라.[39]

사막개미는 둥지에서 수백 미터 떨어진 곳까지 먹이를 찾아 나선다. 이는 인간으로 따지면 거의 반경 38킬로미터에 해당하는 거리다. 놀랍게도 이 개미들은 먹이를 발견한 후 다시 둥지로 귀환하는 직선 경로를 찾을 수 있는데 오차범위는 겨우 1제곱센티미터다.

…… 인간으로 따지면 거의 반경 38킬로미터에 해당하는 거리다. 말하자면 메릴랜드에 있는 국립보건원부터 버지니아에 있는 팬타곤을 전부 아우르는 워싱턴 D.C. 지역보다 넓다. 놀랍게도 이 개미들은

> 먹이를 발견한 후 다시 둥지로 귀환하는 직선 경로를 찾을 수 있는데 오차범위는 대략 M&M 한 알 크기인 1제곱센티미터다.

개미의 크기를 우리 몸집만큼 확대하지 않으면 이들이 먹이를 찾아 얼마나 멀리까지 돌아다니는지 가늠하기가 어렵다. 하지만 이들이 워싱턴 D.C.에 맞먹는 면적을 돌아다닌다는 사실을 알고 나면 개미가 얼마나 뛰어난 탐색 능력을 지녔는지 이해할 수 있다. 국회의사당, 워싱턴기념비, 백악관 및 다른 해외 대사관들을 지나 다시 반대쪽에 있는 펜타곤까지 샅샅이 뒤지며 돌아다닐 뿐만 아니라 어디서 꺾어야 할지 길을 정확히 알고 있고, 호텔로 돌아가는 직선거리까지 안다고 생각해보라. 구글 지도도 이만큼 유용하지는 못할 것이다.

이번엔 시간을 확대해보자. 우리는 빛과 소리의 속도 차이를 거의 구분하지 못한다. 둘 다 너무 순식간이기 때문이다. 하지만 빛과 소리가 우리에게 도달하는 시간을 길게 늘려본다면 어떨까?[40]

> 빛은 1초에 약 30만 킬로미터를 이동한다. 소리는 시속 약 1,224킬로미터다.

> 1월 1일 0시에 카운트다운과 함께 새해의 시작을 알리는 초거대 불꽃

놀이가 열릴 예정이다. 당신은 자정부터 밤하늘을 바라보며 초조하게 기다리고, 10초 후 불꽃놀이의 빛이 당신에게 도달한다. 어마어마하게 화려한 불꽃놀이다. 평생 본 중에서 가장 장관이다.

질문: 불꽃이 터지는 소리가 도달하기까지는 얼마나 걸릴까?(물리법칙에 따라 소리를 들을 수 있다고 가정할 경우)

답변: 빛이 도달하는 데 10초가 걸렸다면 소리는 그해 4월 12일까지도 도착하지 않을 것이다. 소리가 도달할 즈음이면 사람들은 4월 소나기가 이렇게 지독하니 올해 5월에는 꽃이 많이 피겠다고 생각할 것이다.

이 번역은 2개의 수치를 인간적인 규모로 변환한다. 빛과 소리를 연관지어 "10초"와 "4개월 12일"에 함께 초점을 맞출 수 있는 기준점이 뭐가 있을까 잠시 고민해야 하긴 했지만, 새해 첫날이 이를 해냈다. 새해 첫날의 0시에 카운트다운을 한 다음, 그 시점부터 일, 주, 월을 계산한 것이다.

재정적 차이를 설명할 때도 이런 확대 기법을 활용할 수 있다.[41]

노스웨스턴대학교 연구진에 따르면 자녀를 둔 백인 가정이 1달러의 자산을 보유하고 있을 때 자녀가 있는 흑인 가정의 자산은 1센트에 불과하다.

센트/달러 격차의 의미를 더욱 분명하게 인식시켜줄 두 가지 사고실험을 해보자. 아이의 다리가 부러져 병원 진료비로 1,500달러를 지출하게 되었다. 전형적인 백인 가정의 은행계좌에 2,000달러가 있다면 흑인 가정에는 20달러밖에 없다.

퇴직할 나이가 되었을 때, 백인 가정은 50만 달러를 가진 반면 흑인 가정은 5,000달러뿐이다. 즉 이들은 나이가 들어도 일을 그만둘 수 없다.

"1달러 대 1센트" 같은 비유는 너무 익숙한 나머지 무심코 지나치기 쉽다. 하지만 진짜 문제는 1센트와 1달러의 격차가 실제로 얼마나 큰지 우리가 잘 실감하지 못한다는 데 있다. 두 가지 모두 인생을 바꿀 만큼 거창한 금액은 아니다. 둘 다 인간적인 규모처럼 보이지만 실제 가정에 인간적인 규모로 영향을 끼치지는 않는다.

그래서 단순히 1달러와 1센트가 아니라 더 인간적인 규모로 확대하여 사소해 보이는 경제적 차이가 실제로 얼마나 큰 사회적 격차를 야기할 수 있는지 비교해야 한다. 응급실을 방문했을 때 진료비를 낼 수 있느냐 없느냐의 차이는 크다. 노후 생활을 즐기는 것과 겨우 몇 달치 생활비밖에 없는 것의 차이도 그렇다.

위의 사례는 비율, 즉 달러당 센트를 다루기 때문에 확대하기가 비교적 쉬운 편이다. 비율 환산은 규모를 확대하거나 축소하면 해결할 수 있다. 어떤 경우에는 지나치게 작은 것을 인간적 규모로 변환하기 위해 다른 방법을 사용할 때도 있다. 가령 차이가 명확해질 때까지 계속 더하고 쌓는 것이다.

연구에 따르면 높은 평가를 받는 교사들은 수업 계획을 구상하는 데 엄청나게 많은 시간을 투자한다. 뛰어난 고교 수학 교사들은 학생들이 교실에 들어오기 전에 미리 칠판에 문제(예: 각 A가 각 F와 동일한 각도임을 증명하라)와 "지금 시작하세요"를 적어놓는다. 그런 다음 수업종이 울리자마자 곧바로 문제에 대한 토론을 시작한다. 따라서 학생들은 수업이 시작되기 전에 문제를 풀어야 한다.

다른 교사들도 '지금 시작하세요' 방법을 활용하게 하려면 어떻게 설득해야 할까?[42]

'지금 시작하세요'를 실시할 때마다 수업에 이용할 수 있는 시간이 5분씩 늘어난다.

수업 시간이 5분씩 느는 것은 한 학기에 수업 시간이 3주 느는 것과 같은 효과를 지닌다. 그 3주 동안 수업에 얼마나 많은 설명이나 흥미로운 주제를 추가할 수 있을지 생각해보라.

교사에게 5분은 그리 길지 않게 느껴질 수 있다. 어떤 교사들은 그 짧은 시간 동안 할 수 있는 일을 떠올리지 못해, 추가 자료를 준비할 생각조차 못 할지도 모른다. 그러나 1년에 3주가 늘어난다고 하면 사명감을 지닌 교사라면 누구나 이 실질적이고 명백한 결과를 환영할 것이다. 3주의 여유 시간이 생기면 관심 있는 주제를 더 많이 가르칠 수 있고, 수업 시간을 맞춰야 하는 스트레스도 덜 받을 수 있다. 간단한 연습 활동 하나로 이런 혜택을 얻을 수 있다면 시도할 가치가 충분하지 않을까?

이번에는 교사뿐 아니라 누구나 활용할 수 있는 예시를 보자.

> 미국인의 소셜미디어 평균 사용 시간은 하루 2시간이다.

> 날마다 페이스북에 쓰는 2시간을 금요일 딱 하루만 포기한다면 다섯 달 뒤면 『전쟁과 평화』를 끝까지 다 읽을 수 있다. 일주일 중에 단 하루만 페이스북을 안 하면 된다.

다시 생각해도 전혀 어려운 일이 아니다. 소셜미디어를 완전히 끊으라는 것도 아니고 일주일에 하루만 접속하지 말란 얘기다. 일주일에 두 시간이면 당신 인생에 큰 영향을 주지도 않는다. 특히 일이나 운동을 할 기운도 없을 때면 말이다.[43]

그러나 이 짧은 시간을 계속 쌓아 올리면 페이스북 피드 대신 책을 읽는 단순한 인간적인 규모의 변화를 통해 진정한 성취를 이룰 수 있다. 다음은 다섯 달 동안 금요일마다 페이스북 대신 할 수 있는 것들이다.

① 『전쟁과 평화』 읽기: 러시아 친구나 이웃들에게 깊은 인상을 줄 수 있고, 다시는 보드카를 마실 필요가 없고, 다시는 보드카를 마시고 싶지도 않을 거다.

② 『반지의 제왕』 3부작 전부 읽기: 덕후로서의 신조를 바로 세우고, 판타지 장르의 대가에게서 새로운 세계를 창조하는 기술을 배우고, 약간의 엘프어까지 익힐 수 있다.

③ 『위대한 개츠비』, 『제인 에어』, 『컬러 퍼플』, 그리고 『모든 것이 산산이 부서지다』(아프리카 문학의 대부 치누아 아체베의 대표작 — 옮긴이)를 비롯해 브리태니커 백과사전 선정 '역사상 가장 위대한 책' 목록 중 절반 읽기.

모두 다음번에 친구를 만났을 때(백신 접종을 마친, 실제로 얼굴을 맞대고 만날 수 있는 오프라인 친구들) 자연스럽게 화제로 꺼낼 수 있는 활동들이다. 중국어를 배우거나 물리학의 대가가 되거나 수리공이 되는 것에 비하면 인생 최고의 성취는 아니겠지만 어쨌든 평생학습의 이정표는 될 수 있을 것이다.

산의 크기를 축소하든 시간을 더하든, 인간적 규모는 우리가 사물을 인식하는 데 있어 이미 고도로 훈련되어 있는 영역으로 데려가 완전한 이해를 돕는다. 지나치게 크거나 작은 것(망원경이나 현미경이 필요한)이 인간적 규모에서 벗어나 있다는 건 확실하지만, 우리의 경험 범주 안에 있는 것들도 완전히 이해하기 힘든 것이 많다.

사막개미의 이동 거리를 인간적 규모로 변환하기 전에도 개미가 수백 미터 반경까지 먹이를 찾아다닌다는 사실에 놀랄 수 있지만 그건 추상적 감상에 불과하다. 우리는 사물이 인간적 규모일 때 더 잘 이해하고 느낄 수 있다. 인간적인 규모로 변환한 후에야 사막개미에 대한 막연한 감탄이 진심 어린 존경으로 바뀌는 것이다. 사막개미는 마젤란과 런던의 택시 운전사와 더불어 역사상 최고의 탐험가로 기재되어야 한다. 사람들이 당신이 제시하는 숫자를 그다지 심각하게 받아들이지 않는다면 인간적 규모로 축소하거나 확대하라.

3장

숫자에 감성을
얹어라

숫자로 사고와 행동을 바꾸는 법

숫자로 생명을 구한
나이팅게일

1850년대 영국에는 크림전쟁의 여파로 새로운 유형의 영웅이 탄생했다. 영국은 유럽 및 터키 연합군과 손잡고 러시아의 침공을 저지해 전략적 승리를 거두는 데 성공했다. 그러나 병사들에게 전쟁은 대재앙이었다. 특히 감염과 방치 속에서 부상자들이 쉴 새 없이 죽어나가는 군 병원은 더욱 그러했다. 외신은 이런 현실을 가감 없이 영국에 전했고, 1855년 런던의《더타임스》는 "부상자들을 위한 붕대를 만들 린넨조차 없고" 그들이 "방치되어 고통스럽게 죽어갔다"고 보도했다.

군인들을 이런 비극적 운명에서 구한 영웅은 군 장성이 아니라 플로렌스 나이팅게일Florence Nightingale이라는 34세의 행정관리자였다. 그는 전쟁이 발발하기 전 '빈곤 여성을 위한 치료기관Institution for the Care of Sick Gentlewomen in Distressed Circumstances'에서 근무했다. 부유한 집안 출신인 그는 결단력이 강하고 어렸을 때부터 지적 호기심이 많았으며, 당시 여성들에게 허용되던 학문인 예술과 음악을 넘어 더 광범위하고 진지한 교육을 갈구했다. 나이팅게일은 강박적으로 책을 읽고 아버지에게 수학과 과학, 고전을 배웠으며 루터교 여성 집사를 위한 병원 겸 훈련 기관인 카이저스베르트 디아코니Kaiserswerther Diakonie에서 의학을 공부했다.

1854년에 나이팅게일은 그가 개인적으로 모집한 자원봉사 간호사 38명과 함께 최전방 병원을 돕고 싶다고 군 당국에 제안했다. 튀르키예에 도착했을 때 그들이 목격한 것은 불결함 그 자체였다. 병원에는 쥐가 들끓었고 병사들은 피범벅이 된 붕대를 며칠이고 감고 있었다. 환자들에게 배급되는 얼마 되지도 않는 음식은 종종 곰팡이가 슬어 있거나 썩거나 상해 있었다.

나이팅게일은 하루에 20시간씩 일하며 상황을 개선해나갔다. 그는 선 채로 밥을 먹었다. 영국 국민들에게 깨끗한 수건을 보내달라고 간청했다. 병원에 있는 모든 의료 장비를 체계적으로 정리하고, 식료품이 상하지 않고 신선하게 유지되도록 관리 체계를 확립했다. 그리고 끊임없이 데이터를 수집했다. 전쟁이 끝날 무렵 나이팅게일은 최전방의 의료 체계를 개편하여 전쟁 후반 사상자 비율을 획기적으로 줄였을 뿐만 아니라 국가적 영웅으로 부상해 명성을 떨쳤다.

나이팅게일은 대중의 사랑과 찬사를 받으며 귀환했지만 자신의 사명이 단순히 크림전쟁에 국한되어 있지 않음을 깨달았다. 그는 대대적인 혁신이 이뤄지지 않는다면 전선에서 수많은 생명을 앗아간

3장 숫자에 감성을 얹어라

혼돈과 무질서가 앞으로도 계속 사람들을 죽일 것이라고 생각했다. 나이팅게일은 여왕과 군 지도부를 비롯해 대중의 관심을 모을 수 있는 영향력을 지니고 있었고, 주장을 뒷받침할 통계도 갖추고 있었다. 그러나 그는 여전히 힘든 싸움에 직면해야 했다. 군 장교, 의사, 귀족과 상원의원처럼 변화를 싫어하는 고위층 인사들에게 비록 전쟁은 끝났을망정 예전으로 돌아갈 수는 없다고 설득해야 했다.

데이터와 숫자는 나이팅게일과 그의 동료 의사이자 통계학자인 윌리엄 파_{William Farr}처럼 숫자 언어에 유창한 이들에게 강한 호소력을 발휘했다. 실제로 나이팅게일은 파가 지루한 통계 보고서를 써야 한다고 투덜거린 데 대해 편지에서 이렇게 질책한 바 있다. "보고서가 무미건조하다고 불평하시네요. 건조하면 건조할수록 좋습니다. 통계는 모든 글 중에서 가장 건조해야 합니다." 그러나 그런 나이팅게일조차도 자기 주장을 광범위한 대중에게 전달해야 할 때면 절대로 통계 자료를 건조하고 냉정한 형태 그대로 사용하지 않았다. 서신이나 기사, 증언 속에서 그가 사용한 통계는 늘 생생하고 매력적일 뿐 아니라 혁신적이었다.

그러나 나이팅게일은 사람들이 숫자를 이해한다고 해서 항상 변화로 이어지는 것은 아니라는 사실을 알고 있었다. 숫자는 중요한 사람들이 행동을 취하도록 동기를 부여하고, 관성을 극복하여 크림 전쟁에서 재앙을 초래한 정책을 바꿀 수 있는 형태로 번역되어야 했다. 사람들의 행동에 박차를 가할 수 있는 더욱 강력하고 감성적인 형식으로 번역되어야 했다.

나이팅게일은 다른 동료들보다 한 세기 이상 앞서 바구니 기법을 사용했다. 아래 상자가 나이팅게일의 번역이다.

전쟁이 시작되고 첫 7개월 동안 병사 1만 3,095명 중 7,857명이 사망했다.

병사 1,000명당 600명이 사망했다.

같은 크기의 작은 바구니를 기준으로 측정한다. 먼저 나이팅게일은 다른 사망 원인과 깔끔하게 비교할 수 있도록 숫자 그 자체를 줄였다. "병사 5명 중 3명이 사망했다."로 번역하면 평범한 사람들도 직관적으로 이해할 수 있다.

그러나 또한 청중은 익숙한 숫자를 좋아한다. 군 지휘관과 정책 입안자는 많은 이들에게 영향을 미치는 결정을 내리는 데 익숙하다. 게다가 이 수치는 그가 전달하고자 하는 핵심에 접근하는 길목에 위치한 통계였다. 나이팅게일은 여전히 큰 숫자로 표현할 수 있는 유용한 비교 대상을 찾아야 했다.

나아가 그는 사람들에게 감정적 반향을 일으킬 수 있는 비유를 모색했다.

> 병사 1,000명 당 600명이 사망했다.

> 크림전쟁이 시작되고 첫 7개월 동안…… 질병으로 인한 사망률이 런던 대역병의 사망률을 능가한다.[1]

심리적 거리를 줄이는 '비교'를 사용해 생생하게 느끼게 한다. 흑사병 또는 페스트의 완곡한 표현인 "대역병"은 런던 사람들에게는 잊을 수 없는 기억이다. 영국 역사상 가장 유명한 전염병 사태였으니 말이다.

> 병사 1,000명 당 600명이 사망했다.

> 이 같은 사망률은 거의 범죄에 가깝다. 영국 보병, 포병 및 근위병이 1,000명 당 19명씩 죽어갈 때 민간 병원의 사망률은 1,000명당 11명에 불과한데, 이마저도 매년 솔즈베리 평원에서 1,100명을 마구잡이로 사살하는 것이나 다름없다.

숫자를 생생하고 구체적으로 만든다. 병사들을 일렬로 세워놓고 총살하는 것은 감염 때문에 "잃고 있다"라고 수동적으로 표현하는 것보다 훨씬 선명하고 생생한 이미지를 만들어낸다.

"1,100"은 평시 군 사망률에 병력 규모를 곱한 값이다. 솔즈베리 평원은 이름 모를 외국의 전장이 아니라 영국의 군 훈련장이다. 그 유명한 스톤헨지 Stonehenge 가 있는 곳으로(아마 당신도 사진에서 본 적이 있을 것이다), 나이팅게일은 그곳을 "처형장"이라고 표현함으로써 통계를 더욱 생생하고 실감 나게 만들었다. 낯선 외국의 전쟁터가 아니라 군사력을 과시할 목적으로 병사들의 훈련과 도열이 이뤄지는 곳에 학살의 이미지를 덧씌운 것이다.

나이팅게일은 청중이 익히 잘 알고 친숙한 행사를 비교에 이용했다.

우리는 예방 가능한 원인으로 매년 1,100명의 병사들을 잃고 있다!

우리는 부주의 때문에 버켄헤드호에서 400명이 목숨을 잃었다는 끔찍한 소식을 들었다. 그렇다면 미리 예방 가능한 원인 때문에 매년 1,100명의 젊은 병사들이 죽어가고 있다는 얘기를 듣는다면 어떤 기분이겠는가?

감성과 분석을 결합한다. "버켄헤드호"에 얽힌 이야기에는 이미 감정(분노와 슬픔)이 내재되어 있다.

버켄헤드Birkenhead호는 19세기 중반의 타이타닉호처럼 절대 침몰하지 않는 선박이라는 명성을 갖고 있었으나 뜻하지 않은 재난으로 침몰한 배라고 할 수 있다. 배에 타고 있던 400여 명의 군인이 여성과 아이를 먼저 구명보트에 태운 뒤 탈출하지 못해 익사했다. 이 사건은 "아이와 여성 먼저"라는 슬로건의 기원으로 알려져 있지만 사건 당시 실제 그 말이 언급되었다는 기록은 없다. 나이팅게일은 "1년에 거의 3번꼴로 버켄헤드호 사건이 발생하는 것이나 마찬가지다." 처럼 규모를 통일하지도 않았고, 사실 그럴 필요도 없었다. "버켄헤드호보다도 나쁜"만으로도 당대 청중에게 강한 인상을 심어주기 충분했기 때문이다.

나이팅게일의 생생하고, 열정적이고, 충격적이고, 전혀 건조하지 않은 통계는 그가 힘들게 발굴하고 계량화한 시스템적 문제를 영국 고위 관리들에게 확실히 각인시켰다.

나이팅게일은 감성적 에너지를 능숙하게 설계하고 전시했다. 그가 사용한 다양한 감정과 목적에 적합한 수단들을 생각해보라. 나이팅게일은 영국 역사에서 유명한 대역병을 언급했고, 동시대의 '헤드라인에서 발췌한' 버켄헤드호의 비극에 대해서도 이야기했다. 그는 도덕성에 대한 논의를 불러일으키고자 사망 원인에 대한 수동적 방치와 위임 행위를 비교하며 솔즈베리 평원에서 군인들을 마구잡이로 사살하지는 않을 거면서 어째서 단순한 위생 조치를 하지 않아 매년 1,100명의 군인이 죽음에 이르게 하고 있는지 군 당국에 묻는다(어쩌면 군인들은 차라리 총살당하는 편을 선호할지도 모른다. 적어도 질병으로 오래 고통받지는 않을 테니까).

영국군이 나이팅게일의 제안을 수용하여 병사들의 질병 발생 및 사망률이 감소하고 평균 입원 기간이 단축되자, 육군은 "병상을 병력의 10%로 계획했으나 위생 혁신 이후 필요 병상이 5~6%에 그쳤다"[2]고 발표했다. 군 당국이 병상을 과도하게 준비했다는 사실을 깨달았다는 이 뉴스에 대해 나이팅게일은 재치 있게 대꾸했다. "병상을 다 채울 수도 없을 만큼 환자 수가 감소했다면 그건 우리 잘못이 아니다."

나이팅게일은 불가능을 이룩해냈다. 빅토리아 시대에 살던 영국 여성인 그는 작위도, 학위도, 선출 직위도, 군 직위도 없었지만 의원과 의사, 장군 들이 세상을 다른 방식으로 바라보도록 설득했다.

한 역사학자는 플로렌스 나이팅게일을 "온정 많은 통계학자"[3]라고 부르며 그가 병원에서 고통받던 병사들의 두려움을 절대로 잊지 않았다고 썼다. 나이팅게일은 평생 그 군인들과 유대감을 느꼈다.

그러나 다른 사람들도 그렇게 느끼도록 설득해야 할 때 그는 단순히 개인적이고 감성적인 이야기만을 내세우지는 않았다. 이건 이야기꾼들이 흔히 빠지기 쉬운 함정인데, 많은 이야기꾼이 자신의 경험을 전달하면서 다른 사람들도 똑같은 감정적 유대감을 느낄 것이라 착각한다. 이는 일종의 지식의 저주다. 그것이 순전히 개인적인 경험에 의한 것이며, 청중은 그 관계를 공유하지 않는다는 사실을 깜박하는 것이다. 오히려 어떤 청중은 화자가 '감정적'이고 객관성이 부족하다고 여기기 때문에 개인적인 이야기를 신뢰하지 않을 수도 있다.

통계학자였던 나이팅게일은 객관적 분석과 감성을 결합해 청중에게 호소함으로써 그러한 함정을 피해갈 수 있었다. 그는 자신의 감정을 청중에게 전달할 방법을 찾는 게 아니라 청중에게 그가 원하는 방식으로 느끼게 할 방법을 고민했다. 나이팅게일은 비극적 사건에 대한 안타까운 심정을 자극했다. 그는 사람들이 선페스트 같은 전염병이나 버컨헤드호 같은 사건에 대해 집단 지식을 공유하고 있으며, 이미 안타까운 마음을 품고 있다는 사실을 알고 있었다. 그래서 아무 기반도 없는 무無에서 감정을 자아내기보다 기존에 느낀 감정을 불러일으키기 위해 군의 잘못된 의료 관리 체계가 얼마나 실망스럽고 끔찍한지 논리적인 예시를 제시한 것이다.

이렇듯 나이팅게일이 언제나 신중하게 계획한 감성적인 숫자를 사용했다면 그가 '건조한 통계'를 찬양한 건 어떻게 된 걸까? 어쩌면 그것 역시 지식의 저주일지도 모른다. 나이팅게일은 건조하지 않은 통계를 이용해 긍정적 효과를 얻었지만 자신이 통계의 호소력을 높이기 위해 무엇을 하고 있는지는 깨닫지 못했다. 전문 요리사도 그렇다. 가끔 그들은 대중이 좋아하는 음식의 조리법을 묻는 질문에 형편없는 대답을 내놓곤 하는데, 그건 비법을 지키기 위해서가 아니라 평범한 요리사는 그런 걸 생각해낼 수 없다는 걸 상상조차 못하기 때문이다.

하지만 사람들이 건조한 통계를 옹호할 때는 종종 정체성이나 이념적 이유가 따르는 것 같다. 사람들은 흔히 건조한 통계가 순수하다고 믿는다. 분석적인 이들은 힘겹게 도출한 수치가 중요하며 진실하다고 믿고 싶어 하고, 역사학자들은 빅토리아 시대에 통계가 때로는 거의 종교적이라고 할 만큼 열성적으로 수용됐다고 강조한다. 실제로 통계를 중요시하는 사회는 명백한 이점을 지닌다. 간단한 예를 들자면 윌리엄 파와 나이팅게일 및 그들의 동료는 병원 및 지역 사회에 공공 보고 체계를 확립함으로써 암보다 심장병으로 사망하는 사람이 더 많다는 사실을 알리고 이해시킬 수 있었다. 그들이 이런 기틀을 마련하지 않았다면 우리는 지금 얼마나 많은 사람이 심장마비나 대장암으로 사망하는지 알 수 없었을 것이다. 지금이야 당연해 보일지 몰라도 이는 사회운동가들의 의제와 정부 당국자들의 인식에 큰 변화를 미쳤다.

다행히도 나이팅게일은 스스로 파에게 한 충고를 무시하고 감성적 논거라는 분야를 개척해나갔다. 아리스토텔레스가 설득의 수단을 로고스logos(냉정하고 논리적인 논쟁)과 파토스pathos(감정적 호소)로 분류했다면, 나이팅게일은 냉정하고 논리적인 통계를 수치적으로는 정확하고 유사하되 감정적으로는 가슴 아픈 비유로 포장함으로써 중간 방법을 찾아냈다.

아리스토텔레스의 파토스와 로고스는 수사학이라는 무대를 동시에 차지할 수가 없다. 이 둘은 상호작용을 하지 않는다. 그러나 나이팅게일은 그 틈새를 메우고 로고스를 파토스에 연결해 사람들의 가슴에 불을 붙였다. 그는 슬픈 숫자를 만들었다. 무례한 숫자와 분노를 일으키는 숫자, 그리고 안타까움이 느껴지는 숫자를 만들었다.

우리는 숫자를 어떻게 생각해야 할지 모르는 것처럼 숫자에 대해 무엇을 **느껴야** 할지 잘 알지 못한다. 앞에서 우리는 추상적인 숫자를 이해하기 위해 특정한 단위를 이용했다. "튀르키예의 면적은 78만 5,000제곱킬로미터다"는 세상을 이해하는 데 "튀르키예의 면적은 캘리포니아주의 두 배다"만큼 도움이 되지 않는다. 이 장에서는 청중이 숫자에 감정을 **느끼게** 돕는 몇 가지 도구를 제공할 것이다. 감정은 중요하다. 해야 할 일로 가득한 이 바쁜 세상에서는 대안에 대한 우리의 감정이야말로 무엇을 선택하고, 그것을 위해 얼마나 노력하고, 실패해서 좌절감이 들 때는 어떻게 대응할지 이끌어주기 때문이다. 나이팅게일이 그랬던 것처럼 감성적 숫자를 유도하는 과정은 이미 존재하는 감정을 들여다보는 것에서 시작된다.

비교, 절대적 최고,
범주 뛰어넘기

우리 농구팀 새 센터의 키는 233센티미터다.

우리 농구팀 새 센터는 야오밍보다 5센티미터 더 크다.

2011년 6월, 오리건주 포틀랜드의 기온이 이틀 연속 섭씨 44도에서 46도까지 치솟았다.

2011년 6월, 오리건주 포틀랜드의 기온이 이틀 연속 섭씨 44도에서 46도까지 치솟았다. 7월 평균 기온이 46도인 캘리포니아주 데스밸리에 준하는 수준이다.

야오밍은 키가 크다. 셰비 콜벳은 빠르다. 데스밸리는 엄청나게 덥다. 한 가지 기본 원칙만 명심한다면 숫자를 감성적으로 만드는 것은 생각보다 쉽다. 적어도 처음에는 말이다. 감정은 감정에서 비롯된다. 즉 이미 필요한 감정이 내포되어 있는 비교를 찾고, 숫자를 이용해 감정이 전달되어야 할 이유를 정당화하기만 하면 된다. 이는 비단 플로렌스 나이팅게일이 활용한 비극적 죽음의 영역에서만 통하는 것도 아니다. 우리는 '키가 크다', '빠르다', '춥다', '비싸다', '중요하다' 같은 객관적 특성에도 감정을 연관시킨다. 적절한 감정을 도출하려면 적절한 비교 대상을 선택해야 한다.

다음 예시는 사람의 감정이 어떻게 국립공원 이용자 수 같은 평범한 숫자에 대한 생각을 유도할 수 있는지를 보여준다.

그레이트스모키산맥 국립공원은 연평균 1,250만 명의 이용객이 찾는 곳이다.

그레이트스모키산맥 국립공원은 미국에서 이용객이 가장 많은 국립공원으로, 2위인 그랜드캐니언 국립공원보다 2배 이상 많은 사람이 찾는다.[4]

우리는 위쪽 상자의 숫자에 별 감흥을 느끼지 않는다. 기껏해야 "그래? 잘됐네" 정도라면 모를까. 그레이트스모키 국립공원에 대해서도 별 감정이 없다. 적어도 대중문화에 자주 등장하는 그랜드캐니언 같은 느낌을 받지는 않는다. 그랜드캐니언은 많은 사람이 평생 꼭 한번 가보고 싶어 하는 장소 중 하나로, 온라인에도 친구들이 찍은 사진이 자주 올라온다.

그러나 그레이트스모키에 대한 객관적인 통계 자료를 그랜드캐니언과 비교함으로써 거기서 비롯되는 감정을 직접적으로 활용할 수 있다. 수백만 명이나 되는 사람들이 아무 이유 없이 그레이트스모키에 가지는 않을 거라는 말은 콧노래를 부르며 흘려들을 수 있어도 그랜드캐니언의 2배, 옐로스톤의 3배나 많은 사람이 찾는다는 말을 들으면 관심이 가기 마련이다.

사실 그레이트스모키에 직접 가보면 왜 그렇게 인기가 있는지 알수 있다. 일단 넓고 접근성이 뛰어나며, 오갈 수 있는 출입구가 많다. 인구밀도가 높은 지역의 고속도로를 따라 펼쳐져 있을 뿐 아니라 돌리우드Dollywood(가수 돌리 파튼이 설립한 테마파크—옮긴이) 같은 다른 여러 관광명소와도 가깝다. 그리고 무엇보다 공짜다! 이런 조합이 중요한 명소나 볼거리가 있는 곳보다 더 인기를 누린다는 사실은 관광산업에 대해 다시 한번 생각해보게 한다. 하지만 그레이트스모키가 보통 우리가 떠올리는 '주요 국립공원'을 훨씬 능가하는 인기를 끌고 있다는 사실을 알기 전까지, 우리는 이런 것에 관심을 두지 않는다.

이 책에서 우리가 좋아하는 많은 예시가 이런 식의 비교를 사용한다. 사람들은 에버기븐 같은 선박이 어떻게 수에즈운하를 막을 수 있는지 엠파이어스테이트 빌딩 같은 대상과 비교하지 않고서야 잘 이해하지 못한다. 똑같이 거대하고, 진짜로 존재하고, 우리가 쉽게 상상할 수 있는 것들 말이다. 살면서 가끔 마주치는 남자 이름인 제임스와 비교하지 않으면 여성 CEO가 얼마나 드문지 실감하지 못하고, 사회적 소수자가 아닌 많은 독자가 아프리카계 미국인이 일상생활에서 부당한 고정관념과 차별을 겪는다는 것을 알면서도 막상 흑인과 전과자를 비교하기 전에는 그 부당함의 무게가 얼마나 무거운지 진심으로 이해하지 못한다. 비교는 우리의 관심을 끈다.

절대적 최고, 비교 불가

숫자에 감정을 불어넣어야 할 필요성은 숫자가 명백한 정보를 제공하고 있음에도 그 대상이 마땅한 존중을 받지 못할 때 가장 잘 드러난다. 뭔가가 독보적으로 뛰어나다는 사실을 숫자가 증명하고 있는데도 사람들이 그저 **조금 더 나은 수준**으로 생각하고 있다면, 어떻게 청중의 주목을 끌 수 있을까?

때로 1등은 너무 많은 우려름을 받는다. 에베레스트산이 세계에서 가장 높은 산인 것은 사실이지만 다른 산보다 지나친 관심과 감정적 이득을 얻고 있는 건 아닐까? 인간적 규모에 관한 "2층집" 번역에서 봤듯이 사실 에베레스트산과 K2는 별 차이도 나지 않는데 말이다.

소위 가장 뛰어나다는 말을 듣는 수많은 최고들이 그렇다. 야구선수 베리 본즈Barry Bonds는 행크 애런Hank Aaron 보다 홈런을 겨우 7개 더 쳤을 뿐이다. 펜스가 몇 센티미터만 높았더라도 기록이 반대가 될 수도 있었다.

감정의 이해라는 관점에서 봤을 때 가장 흥미로운 것은 우리가 비교 불가라고 부르는 최고의 대상에 대해 이야기할 때다. 가장 크고, 가장 훌륭하고, 가장 높은 것들, 2위는 감히 범접하지도 못하는 그런 것들 말이다. 이런 대상을 설명할 때는 힘주어 강조해야 한다. 워낙 차이가 많이 나니 실수할 일도 없다.

그런데도 우리는 그런 기회를 종종 놓치곤 한다.

세계에서 제일 긴 강은 나일강이지만 크기는 아마존강이 제일이라고 배운 적이 있을 것이다. 그 말을 들으면 각자 뛰어난 영역이 다를 뿐 두 강이 거의 비슷한 수준일 것 같은 느낌이 든다. 하지만 사실 나일강은 세계에서 제일 긴 강이라는 타이틀을 아주 근소한 차이로 차지했을 뿐이다. 길이로 따지면 나일강은 아마존강보다 아주 조금 더 길 뿐이지만—엄밀히 말해 '가장 큰', '가장 넓은', '수량이 가장 많은' 중 단 한 부문도 1위가 아니다— 반면에 아마존강은 타의 추종을 불허할 정도로 거대하다.[5]

아마존강은 2위와는 상당한 차이가 나는 명실상부 세계 최대의 강이다.[6] 실제로 그다음으로 큰 11개 강 중에서 4개가 아마존강으로 흘러 들어간다. 심지어 콩고강과 갠지스강, 양쯔강을 비롯해 나머지

7개 강을 전부 합쳐도 아마존강이 더 크다.

이렇게 세계에서 가장 큰 아마존강 다음으로 강 11개를 들여다보면 어떤 강이 세계에서 가장 거대하며 우리가 얼마나 경외심을 느껴야 하는지에 대한 모든 의문이 사라진다. 다른 강들을 전부 하나로 합쳐도 여전히 아마존강이 더 크다는 사실을 보여주면 그걸로 끝이다.

자동차 분야에서도 같은 원칙을 적용할 수 있다. 투자자들이 테슬라의 혁신 잠재력을 얼마나 믿고 있냐면, 테슬라의 2021년 시가총액이 다른 주요 경쟁사들을 합친 것(GM, 포드, 도요타와 혼다, 폭스바겐을 포함해)을 능가할 정도다. 수학적 계산을 전부 생략했는데도 이 번역이 충격적인 내용을 얼마나 확고하게 전달하고 있는지 느낄 수 있다. 최고 중에 최고를 표현하려면 눈에 보이는 숫자가 없어도 그 압도적인 우월함을 전달할 수 있어야 한다.

또 다른 전략은 장점이나 이점을 제거하여, 비교 불가능한 절대적 최고가 '한 손을 등 뒤로 묶은 채'로도 선두를 유지할 수 있음을 보여주는 것이다. 예를 들어 "위대한 하키 선수" 웨인 그레츠키Wayne Gretzky는 내셔널하키리그NHL 역사상 가장 많은 골을 넣은 선수다. 심지어 그가 혼자 넣은 골을 전부 빼더라도 여전히 NHL 사상 가장 많은 득점을 올린 선수다. 왜냐하면 어시스트를 받아 넣은 골은 심지어 그보다도 더 많기 때문이다. 웨인 그레츠키는 팀플레이에 뛰어난 독보적인 스타였다.

하지만 종종 현재의 경쟁 상대를 압도하는 것만으로는 충분하지 않을 때도 있다. 가끔은 완전히 다른 영역과 비교해야 한다.

범주 뛰어넘기

캘리포니아주의 GDP는 미국 나머지 49개 주를 전부 능가한다.

만일 캘리포니아주가 하나의 국가라면 세계에서 5번째로 큰 경제 대국일 것이다.[7]

캘리포니아주가 아무리 경제적으로 미국 최고라 한들 우리가 상상할 수 있는 주 경제의 규모에는 한계가 있다. 그러나 캘리포니아주가 경제 정상회의에서 다른 부자 나라들과 같은 테이블에 앉을 수 있다고 하면 그 엄청난 영향력을 실감할 수 있을 것이다.

캘리포니아주를 국가와 비교할 때 우리가 사용한 기술은 범주 뛰어넘기다. 즉 완전히 다른 카테고리에 있는 경쟁 상대와 비교하는 것이다. 주에 불과한 캘리포니아를 한 나라에 비교하는 것처럼 말이다.

보디빌더로 명성을 날렸고 후에 캘리포니아 주지사를 지낸 아널드 슈워제네거는 젊은 시절 강력한 경쟁자였던 다른 보디빌더에게

3장 숫자에 감성을 입어라

자신의 팔을 일컬어 "이건 팔이 아니라 다리요"라고 말한 적이 있다. 다리만큼 굵은 팔뚝, 국가만큼 큰 도시, 초등학교 급식실만큼 짜증나는 여동생 등등 범주 뛰어넘기는 원 범주에서 이뤄지는 상호작용에 전보다 더 강한 감정과 존중심을 부여한다.

2020년에 애플의 기업가치는 2조 달러에 달했다. 애플이 국가고 주주들은 국민이며 이 국민들이 돈을 버는 유일한 원천이 애플 주식이라고 가정해보자. 애플의 총자산은 노르웨이와 남아프리카공화국, 태국과 사우디아라비아를 포함해 전 세계 171개 국가 중 150개 국가를 능가한다.

기업이 정부가 다루기 까다로운 주요 경제 주체라는 사실에 의구심을 품은 적이 있다면, 애플에 대한 이 통계 자료를 곱씹어보라.[8]

우리의 목표는 설명하고자 하는 숫자가 압도적인 위치에 있는 범주를 찾은 다음 이를 제시하는 것이다. 예를 들어 가축이 생산하는 온실가스가 환경에 얼마나 큰 영향을 미치는지 이해시키는 것이 목표라고 하자. 이때 우리는 여러 비교 가능한 범주를 고려해볼 수 있다. 대도시에 맞먹을 만큼 큰 영향을 끼치는가? 아니면 특정 지역? 국가? 그렇다면 큰 나라인가 작은 나라인가? 정확성과 놀라움의 요소를 결합시키는 것이 이상적이다.

가축은 전 세계 온실가스 배출량의 14.5%를 차지한다.

"만일 소가 국가라면"[9] 세계에서 온실가스 배출량이 3번째로 많은 나라일 것이다. 사우디아라비아와 호주, 인도보다 많은 온실가스를 배출하고 있으며, 심지어 "유럽연합의 모든 국가를 합친 것보다 더 많은 온실가스를 배출한다. 이들을 능가하는 국가는 중국과 미국뿐이다."(스티븐 추)

첫 번째 통계는 별로 흥미롭지 않다. 우리는 축산업을 하나의 경제 부문으로 인식하는 데 익숙하고 14.5%는 그다지 큰 수치 같지 않다. 그러나 《뉴요커》의 필진 테드 프렌드Ted Friend가 말한 것처럼 '소들이 국가라고' 상상하면 갑자기 축산업이 불가피한 영역처럼 느껴진다. 인도와 EU, 사우디아라비아 같은 주요 산유국이 혁신을 하지 않는 한 우리는 기후변화에 대한 해결책을 떠올릴 수 없다. 축산업도 그렇다. 이렇게 범주를 뛰어넘어 비교를 하면, 그런 국가보다도 더욱 거대한 '소들의 나라'가 바뀌지 않으면 해결은 더욱 요원하게 느껴질 것이다.

목표가 정확한 범주 뛰어넘기를 이용하면 숫자를 다른 영역으로 가져가 비교할 수 있다. 숫자를 중시하는 이들은 비유적 언어가 경박하고 비현실적이라는 이유로 종종 불신하지만, 이제껏 우리가 살펴본 언어들은 오히려 더 단단하고 확고했다. 이상적인 범주 뛰어넘기는 숫자를 다른 영역과 결합해 새로운 통찰력을 제시할 수도 있다. 감정과 숫자를 동시에 따라갈 수 있다면 다양한 세상들을 서로 연결할 수 있을 것이다.

정곡을 찌르는
감정 조합이 따로 있다

이 절에서 우리는 올바른 감성 요소를 찾는 데 초점을 맞췄다. 이미 알고 있는 감정과 연결해 비교할 수 있는 하나의 단일한 감정 말이다. 우리는 사람들이 에펠탑이 '높다'고 느끼고, 타이타닉호가 '비극적'이라고 생각하며, 6시간 연속 줌 화상회의를 하면 '피곤하다'고 느낀다는 것을 안다. 설명하고자 하는 대상을 이런 것과 비교하면 같은 감정을 불러일으킬 수 있다.

  그러나 가끔은 단일한 감정보다 풍부한 교향곡이 필요할 때도 있다. 여러 요소가 복합적으로 작용해 더 깊고 충만한 감정적 공명이 일어나길 바라는 것이다.

  1953년 4월 16일, 드와이트 아이젠하워 Dwight Eisenhower 대통령이 미국신문편집자협회 American Society of Newspaper Editors에서 했던 "평화를 위한 기회" 연설을 생각해보자.

모든 대포와 전함, 로켓은 굶주려도 먹지 못하고 추위에 떨어도 입을 옷이 없는 사람들에게서 빼앗은 것입니다.

무기로 가득한 세계가 소모하는 것은 돈만이 아닙니다. 이 세계는 노동자의 땀과 과학자의 천재성, 아이들의 희망을 소모하고 있습니다. 현대식 중폭격기 1대를 구매하는 돈이면 30개가 넘는 도시에 현대식 학교를 세울 수 있습니다. 인구 6만 명이 사는 마을에 전력을 제공할 수 있는 발전소를 2개나 지을 수 있습니다. 이 돈이면 완벽한 설비를 갖춘 병원을 2개나 지을 수 있고 콘크리트 고속도로 80킬로미터를 건설할 수 있습니다.

우리는 전투기 한 대에 밀 50만 부셸(약 1,750만 리터—옮긴이)을 살 수 있는 돈을 치르고 있습니다. 구축함 한 척을 위해 8,000명이 넘는 사람들이 거주할 수 있는 새 주택을 지을 수 있는 돈을 쓰고 있습니다. 이건 어떤 의미로 보나 삶의 방식이 아닙니다. 전쟁의 위협적인 먹구름 아래, 인류는 철의 십자가에 매달려 있습니다.[10]

아이젠하워는 전쟁 준비에 드는 비용을 돈의 액수가 아닌 삶을 변화시킬 수 있는 익숙한 요소들로 치환해 보여줌으로써 시대에 앞선 구체적인 번역을 전달하고 있다. 그러나 이 연설은 부분들의 합 그 이상이다. 학교와 발전소, 병원과 도로는 이미 그 자체로 정부의 예산 항목이며, 이렇게 나열하기만 해도 더 나은 사회, 더 밝은 미래가 눈앞에 보이는 것처럼 느껴진다.

정곡을 찌르는 감정 조합이 따로 있다

이런 번역의 핵심은 서로 보완할 수 있을 만큼 가까우면서도 중복될 정도로 가깝지는 않은 요소들을 선택하는 데 있다. 만일 비틀스가 존 레논 4명이나 폴 매카트니 4명으로 구성돼 있었다면 지금 같은 대성공을 거두지 못했을 것이다. 그들이 성공할 수 있었던 것은 각각의 멤버와 그들이 다루는 악기가 서로를 보완해 조화를 이룰 수 있었기 때문이다.

'조화로운 비교' 방법을 활용하는데 그 주제가 미국 기반시설 재건을 설득하는 일만큼 장황할 필요는 없다. 설탕처럼 단순할 수도 있다.

> 오션스프레이 크랜베리애플주스 1캔(약 350밀리리터)에는 설탕 44그램, 즉 설탕 11티스푼이 들어 있다.

> 오션스프레이 크랜베리애플주스 1캔에는 크리스피크림 글레이즈 도넛 3개에 맞먹는 설탕에 더해 각설탕 4개가 더 들어 있다.[11]

주스를 도넛 몇 개 또는 각설탕 19개에 비유한다면 이 정도로 강렬하고 인상적으로 느껴지지 않을 것이다. 도넛 3개는 많긴 해도 역겨울 정도는 아니다. 각설탕 11개는 확실히 많은 양이긴 해도 다소 추상적이다. 말馬이 아니라면 각설탕을 생으로 씹어 먹을 사람이 누가 있겠는가.

하지만 도넛과 설탕을 결합하면 사람들의 관심을 끌게 된다. 어른들의 입맛에는 확실히 달게 느껴지니 말이다. 도넛을 3개나 먹으면 건강에 그리 좋지 않으리라는 건 누구나 쉽게 예상할 수 있다. 하지만 거기에 더해 각설탕 4개까지 씹어 먹는다고 생각해보라. 이 미친 듯이 달콤한 교향곡이 주는 메시지는 명확하다. "사과"와 "주스"의 단어 조합에도 불구하고 이 음료는 절대로 몸에 좋지 않다.

아니면 오션스프레이 크랜베리애플주스에 코카콜라와 거의 같은 양의 설탕이 들어 있다고 말할 수도 있을 것이다. 그 사실 자체는 놀라울지 몰라도 그렇게 말하면 두 음료에 설탕이 **정확히** 얼마나 많이 들어 있는지 자세한 사항을 알 수가 없다. 그리고 엄밀히 말해 두 음료에 정확히 같은 양의 설탕이 들어 있는 것도 아니다. 크랜베리애플주스 1캔에 설탕 1티스푼이 더 들어 있으니 말이다. 당신 동료가 티스푼을 살살 흔들어 콜라 캔의 작은 구멍 입구에 설탕을 넣고 있는 모습을 상상해보라.

나이팅게일과 다음 현대 의학의 번역에서도 알 수 있듯이 정서적 공명을 부르는 조합은 진지한 문제에서도 효과를 발휘한다. 다음 예시는 의학적 연구가 충분치 못한 사망 원인과 관련해 외부 개입을 활용하면 많은 생명을 구할 수 있음을 강조하고 있다.

미국에서는 매년 약 27만 명의 환자가 패혈증으로 사망한다.[12] 그러나 최근 북부 캘리포니아의 의료 서비스 제공 기관 카이저 퍼머

넌트Kaiser Permanente는 패혈증 사망률을 55퍼센트까지 줄일 수 있는 프로토콜을 개발해냈다![13] 만일 미국의 모든 병원에 해당 프로토콜이 보급된다면 한 해에 14만 7,000명의 생명을 구할 수 있다. 즉 매년 유방암을 앓는 모든 여성 환자와 전립선암에 걸린 모든 남성 환자보다 많은 목숨을 구할 수 있다는 얘기다.[14] 그 둘을 합친 것보다 더 많이 말이다!

유방암이나 전립선암이라는 말만 들어도 이미 중요한 것 같은데, 이 둘을 합치기까지 하면 성별에 상관없이 '내게 영향을 미친다'는 느낌을 받게 된다. 이 두 암은 거의 비슷하다. 유방암은 미국 여성의 암 사망 원인 2위이고, 전립선암은 미국 남성의 암 사망 원인 2위이다. 두 질병 모두 관련 퍼레이드와 기부 캠페인, 인식 개선의 달, 리본 캠페인 등이 있다.

만약 이 **두 질병**으로 사망하는 **모든** 사람을 구할 방법이 있다면 어떨까? 그런 치료법이 있다면 얼마나 놀랍고 획기적일지 상상할 수 있는가? 그 많은 사람(그리고 앞으로 더 많은 사람)을 구할 수 있는 치료법이 개발됐다는 걸 알면 온 세상이 "지금 즉시 시행하라!"라고 외칠 것이다.

그런데 때로는 잘못된 포인트에 음정을 추가하면 도리어 불협화음이 만들어질 수도 있다. 예를 들어 당신이 인구 500만이 넘는 대도시 주민들에게 유용한 제품을 개발했고 중국 시장을 노려야 한다고 설득하는 창업가라고 상상해보자.

중국의 대도시 인구는 도쿄와 델리, 서울, 마닐라, 뭄바이, 상파울루, 멕시코시티, 카이로, 로스앤젤레스의 인구를 전부 합친 것보다 많다.

이건 교향곡이라기보다는 불협화음에 가깝다. 청중은 마닐라에 도달했을 무렵부터 벌써 이 모든 요소를 조화롭게 받아들이는 데 어려움을 겪는다. 이 도시들은 전부 서로 이질적이고 지리적으로도 바다 건너 멀리 떨어져 있어 하나로 묶어 연상하기가 어렵다. "도쿄, 델리, 서울, 마닐라, 뭄바이, 상파울루, 멕시코시티, 카이로, 로스앤젤레스의 공통점이 무엇인가?"는 사실상 정답 없는 수수께끼와도 같다.

더 간단하게 정리한 예시를 보자.

서유럽 시장에서 우리가 목표로 할 수 있는 대도시는 런던, 파리, 마드리드, 바르셀로나의 네 곳뿐이다. 중국에는 바르셀로나보다 더 큰 도시가 17개나 되며, 그중 6개는 런던이나 파리보다도 크다.[15]

이 번역은 4개의 유럽 도시만을 떠올리라고 말한다. 이 도시들은 한 세트다. 오랫동안 서로 교류해왔고 동질적인 유럽 문화의 일부다. 한편 이 번역은 우리의 기존 사고방식에서 잘못된 점을 지적한다. 서유럽의 대도시를 다룬 책과 영화는 얼마나 많은가? 한번도 가

본 적도 없으면서 우리는 이 유명한 도시들에 대해 얼마나 많이 알고 있던가.

하지만 우리 중에 중국의 바르셀로나는 고사하고 런던이나 파리에 해당하는 도시 이름을 댈 수 있는 사람은 거의 없을 것이다.* 글로벌을 중시하는 조직이나 개인이라면 세계를 이해하기 위해 아직도 나아갈 길이 멀다는 사실을 이해할 수 있으리라.

● 　어디 한번 시험해보자. 실제로 다음 중에 당신이 아는 중국 도시가 몇 개나 있는가? 하얼빈, 쑤저우, 선양, 포산, 항저우, 퉁관. 모두 바르셀로나보다 20~40%는 크지만 대다수 미국인은 그 이름도 모른다(이건 유럽인이 미국의 필라델피아나 마이애미, 댈러스의 인구에 대해 전혀 감을 못 잡는 것과도 비슷하다). 런던과 파리보다 더 큰 중국의 6개 도시는 상하이, 베이징, 충칭, 톈진, 광저우, 선전이다(이 도시들을 모른다는 건 미국인이 아닌 사람들이 뉴욕이나 로스앤젤레스를 모르는 것과도 같다).

"이건 숫자가 아니다.
당신의 이야기다"

인간의 뇌는 복잡한 연결망이며 다양한 방법으로 정보에 접근할 수 있다. 새로운 정보의 경우, 기존의 연상 네트워크와 밀접하게 연결되어 있을수록 기억할 확률이 증가한다. 가령 낯선 사람에 관한 이야기는 기존의 연결망과 연관이 거의 없기에 쉽게 잊어버리지만 나와 친한 사촌에 관한 소문은 잊어버리지 않는 것이다.

모든 연결망 중에서도 가장 크고 빠르게 접근할 수 있는 복잡한 연결망이 하나 있다. 바로 나 자신에 관한 것이다. 우리는 평생 자기 자신에 대해 생각한다(사실 중학교 시절엔 나 말고 다른 것에 대해선 생각할 겨를도 없었고). 그래서 만일 새 정보가 **나**와 관련이 있다면 해당 정보는 더욱 빠르고 철저하게 처리된다. 휴가 때 집을 떠나 놀러갈 수는 있어도 **나 자신**에게서 벗어날 수는 없다.

의사소통에 뛰어난 사람들은 추상적인 것을 개인적인 것으로 전환할 방법을 찾아낸다. 예를 들어 로스쿨 입학식에서 신입생들에게 앞으로 얼마나 어렵고 험난한 과정을 거치게 될지 경고하려면 뭐라고 말하는게 좋을까? "1년차 중퇴율 33%"라는 추상적인 통계를 말할 수도 있다. 그러나 이를 "왼쪽을 보세요. 그리고 오른쪽을 보세요. 3명 중 1명은 내년 가을에 여기 없을 겁니다"라고 말하면 가슴이 철렁 내려앉는 경각심을 준다.

> 특정 해에 정신질환을 경험할 확률은 20%이고 일생에서 한 번이라도 정신질환 진단을 받을 확률은 50%다.[16]

> 여러분 가운데 5명 중 1명은 올해 정신질환을 앓게 될 겁니다. 그리고 당신과 당신 앞에 앉아 있는 사람 중 한 명은 살아 있는 동안 언젠가 정신질환 진단을 받을 거고요.

효과적인 프레젠테이션은 어떤 숫자가 **나**와 직접적인 관계가 없을지라도 그 숫자가 내 삶에 어떤 영향을 미칠지 생각해보도록 만든다. 이를테면 미래에 우리가 지금과 어떻게 다른 모습일지 상상하는 것은 항상 흥미롭다.

다음은 특정 청중, 가령 경제 선진국에 거주하는 사람에게 케냐 가정의 불안정한 재정 상황을 이해시키기 위한 사례다. 이 경우 힘들게 번 돈의 대부분을 식비로 써야 한다고 상상해보라고 묻는 것만으로도 효과를 볼 수 있다.

케냐 국민의 연평균 소득은 약 7,000달러다(미국의 경우 6만 8,000달러). 케냐인은 소득의 약 50%를 식비로 소비한다.[17]

만일 당신이 주간 소득을 케냐 국민과 같은 비율로 식비에 지출한다면 7일 동안 옥수수가루 죽과 감자, 으깬 완두콩 같은 음식에 650달러를 써야 한다. 먹는 것에만 이렇게 많은 돈을 지출한다면 다른 필수품은 어떻게 살 수 있을까?

가구가 부유해지면 식비나 주거비 같은 필수 항목에 대한 지출 비율이 줄고, 교육 및 교통 등에 더 많은 비율을 지출하게 된다.

대부분의 사람은 이런 정신적 여정에 기꺼이 동참한다. 다음 예시는 자신이 움직이는 모습을 상상함으로써 극적인 효과를 더해 이야기에 집중하게 만든다.

아마존 창업자 제프 베이조스 Jeff Bezos 의 자산은 1,980억 달러다.

계단 한 칸이 은행에 저축해둔 10만 달러라고 하자. 미국인 2명 중 1명과 전 세계 89%에 달하는 대다수 인구는 아예 첫 번째 계단에도 올라

147

갈 수가 없다. 계단 4개를 올라갔을 즈음이면 75% 이상의 미국인이 탈락한다. 100만 달러를 의미하는 10번째 계단에 오를 수 있는 사람은 10명 중 1명도 채 되지 않는다.

자, 이제 편한 운동화로 갈아 신어라. 억만장자의 순 자산에 도달하려면 거의 3시간은 계단을 올라가야 할 테니까.

하루에 9시간씩 2개월간 쉼 없이 계단을 올라 아이언맨 수준의 허벅지 근육을 만들고 나면 마침내 제프 베이조스의 자산에 도달하게 된다.[18]

아이언맨 수준의 허벅지 근육이라는 생생한 시각적 요소 때문에 제프 베이조스가 얼마나 부자인지 전혀 모르고 있을 친구에게 이 이야기를 들려주고 싶을 정도다.

이야기를 풀어낼 때 사람들에게 머릿속으로 자신의 모습을 상상하도록 만들면 한층 더 효과적이다. 특히 비디오게임처럼 성취와 보상을 통해 단계적으로 완성되는 과정을 그려낼 수 있으면 더욱 좋다.

평범한 연비의 차로 하루 65킬로미터 이상 주행하는 사람이 프리우스 하이브리드로 차를 바꾸면 휘발유를 50% 절약할 수 있다.

> 당신이 평범한 연비의 차로 하루 65킬로미터 이상 달리고 있다면, 프리우스 하이브리드로 차를 바꾸면 1개월 후에 데이트 상대를 근사한 레스토랑에 데려갈 비용을 절약할 수 있다. 6개월이면 주말 여행을 가거나 스마트워치를 살 수 있다. 그리고 1년이면 헬스클럽 연회원권을 구입할 수 있다.[19]

당신이 제시하는 정보가 청중과 연관되어 있다면 잊지 말고 그 관련성을 강조해라. 그들과 직접적으로 연결된 정보가 아닐지라도 다른 누군가의 이야기에 자신을 대입해 상상하라고 설득할 수 있다. 사람들이 자신의 행동과 이를 통해 이익을 얻는(또는 비용을 지불하는) 모습을 상상하도록 데이터를 사용하면 더 큰 관심을 얻을 수 있다.

통계를 동사화하기

'달까지의 거리'나 '계단 3,871개'는 얼핏 구체적으로 보이지만 실제 우리의 감각이나 기억과는 거리가 멀다. 사실 이것들은 추상적인 숫자다. 이런 거대하고 막연한 숫자를 '구체적'으로 만들려면 모두가 알고 있는 행동으로 변환하라. '동사화하기'는 사람들이 머릿속으로 움직이는 것을 직접 '볼 수 있게' 함으로써 사물과 행동을 구체적으로 만드는 기법이다.

"이건 숫자가 아니다. 당신의 이야기다"

숫자를 시연하라

직접 경험하면 단순히 귀로 들을 때보다 기억 속에 더 깊이 남는다. 그뿐 아니라 기억했다가 반복할 수 있는 이야기, 즉 **스토리**가 된다. "오늘 회의에서 무슨 일이 있었나요?"라는 질문에 "긴 구리선을 들고 5분 동안 방 안을 돌아다녔어요"라는 이야기는 오늘 수업이 어땠냐고 묻는 가족이나 친구들에게 들려줄 수 있다. 하지만 "막대그래프를 봤어요"는 그렇지 않다.

감각을 자극하기

지금 우리가 사용하는 산업용 로봇 프로그램 운영 체제는 1969년에 만들어진 것이다. 당신은 이게 얼마나 터무니없는 일인지 알려주기 위해 사람들이 회의실에 들어오면 1969년에 유행한 음악을 튼다. 그러곤 이렇게 말한다. "이런 걸 '클래식' 로큰롤이라고 합니다. 여러분이 사용하는 기술이 이렇게 오래된 거면 좋겠나요?"

음악에 시각적 효과까지 추가한다. 1969년의 자동차 광고, 당시에 흔히 사용하던 시계 라디오와 컴퓨터, 다이얼식 전화기, 손으로 채널을 돌리는 텔레비전, 그리고 베이크드 알래스카 디저트를 곁들인 저녁식사를 내놓고는 "지금 이 에피소드를 텔레비전에서 못 보면 다시는 보지 못할 수도 있습니다"라고 상기시킨다.

그건 그렇고, 여기서 "1969년에 유행한 음악"이라는 건 좋은 음악부터 나쁜 음악까지 전부 말하는 거다. 당시의 어떤 노래들은 까맣게 잊혔을 것이다. 그때 빌보드 1위를 차지한 곡은 실제 존재하지도 않았던 아치스Archies라는 그룹의 〈슈가, 슈가Sugar, Sugar〉였다. 아치스는 만화 캐릭터들이었는데, 아침 8시에 텔레비전에서 그 만화를 볼 수 있었다. 아침에 일어나지 못했다면? 평생 다시 보지 못할 것이다. 그때는 스트리밍 서비스도, 유튜브도, VCR도 없었으니까.

반면에 지금까지 전해져 내려오는 고전도 있다. 비틀즈의 〈겟 백Get Back〉, 롤링스톤즈의 〈홍키통크 우먼Honky Tonk Women〉, 그리고 B. J. 토머스의 〈후크드 온 어 필링Hooked on a Feeling〉까지. 마이클 잭슨의 싱글곡인 잭슨 파이브의 대표곡 〈아이 원트 유 백I Want You Back〉도 있지만 당시 그는 가족 밴드와 노래를 부르는 열한 살짜리 꼬마였고, 문워크를 유행시킨 유일한 유명인은 닐 암스트롱이었다.

지금과는 너무도 다른 시대였다. 하지만 그때 사용하던 바로 그 소프트웨어가 지금도 전 세계 대부분의 로봇을 구동하고 있다. 그 당시 음악을 틀면 사람들은 숫자만 봤을 때는 인지하지 못한 '낡았다'는 느낌을 받을 테고, 누군가에게는 추억과 향수를 일으킬 수도 있지만 젊은 청중은 '어, 할머니가 좋아하는 음악이네'라고 생각할 것이다.

시간적 여유가 있고 사람들에게 핵심을 확실히 강조하고 싶다면 오감을 자극하는 경험을 선사해라. 외관과 소리, 느낌, 심지어 당대의 취향을 고스란히 경험할 수 있는 환경을 만들어주는 것이다. 그 안에 앉아 있으면 그때 쓰던 기술도 괜찮은 편이라고 생각하기가 어려울 테니까 말이다.

피부로 느끼게 하기

귀로 들은 것은 쉽게 잊힌다. 눈으로 본 것은 조금 더 잘 기억할 수 있다. 그러나 직접 **행동**한 것은 훨씬 강렬한 방식으로 경험의 일부가 되어 기억과 본능 속에 새겨진다.

앞서 그레이스 호퍼는 1마이크로초를 낭비하는 게 얼마나 안타까운 일인지 보여주기 위해 전기 신호가 1마이크로초 동안 이동할 수 있는 길이의 전선을 가져와 프로그래머들에게 직접 보여주었다. 1마이크로초는 너무 찰나의 순간이라 인간은 인지할 수조차 없다. 그러나 약 300미터 길이의 구리선은 관심을 주지 않을 수 없는 물건이다. 특히 자원이 귀했던 초기 컴퓨터과학 시대에 프로그래머가 인식하지도 못한 낭비를 주지시키는 데 큰 도움이 되었다.

호퍼의 300미터 전선은 숫자의 의미를 직접적으로 **보여준다**. 하지만 그보다 더 기억에 남는 시연을 하고 싶다면 한층 더 나아가 프로그래머들이 숫자를 직접 체험하게 할 수도 있을 것이다. 예를 들어 두 프로그래머에게 짝을 이뤄 이인삼각 경주를 하게 하면 어떨까? 아무리 건장한 장교 후보생이라도(호퍼는 프로그래머였을 뿐만 아니라 해군 제독이었다) 옆 사람과 한쪽 다리를 묶은 채 300미터를 달리는 건 꽤 힘든 일이다. 그들이 마침내 결승선에 들어오면 이렇게 말해주는 것이다. "방금 여러분이 달린 거리는 1마이크로초 동안 전자 신호가 이동하는 거리입니다. 그러니 낭비하지 마십시오!"

이게 지나치게 활동적으로 느껴진다면 학생 2명을 선택해 각각 교실 반대쪽에 세운 다음 또 다른 학생에게 수업을 하는 동안 털실을 들고 두 사람 사이를 돌면서 300미터짜리 실타래를 감으라고 할 수도 있다. 5분쯤 걸릴 텐데 그쯤이면 다들 핵심을 이해했을 것이다.

마이크로초에서 구체적인 사물인 전선, 그리고 전선의 길이에 해당하는 거리를 체험하는 연습 활동에 이르기까지, 이런 번역은 통계를 더 쉽게 이해시켜 모른 체하기 어렵게 만든다.

다음 사례 역시 1초보다도 빠른 아주 짧은 시간에 관한 것이다. 우리는 이 짧은 시간을 눈으로 볼 수 있지만 실제 경험하기 전에는 얼마나 짧은지 잘 모른다.

야구에서 타자는 대략 0.25초(250밀리초) 사이에 스윙 여부를 판단한다. 심지어 배트를 휘두르는 데 걸리는 시간은 그보다도 더 짧다(150밀리초).

1초 동안 최대한 많이 박수를 쳐보라. 일반적으로 1초에 4~5번 박수를 칠 수 있다. 가령 당신이 1초에 4번 박수를 칠 수 있다고 하자. 메이저리그 타자는 당신이 첫 번째 박수를 치는 사이에 배트를 휘두를지 말지를 결정한다. 그리고 2번째 박수를 쳤을 무렵이면 벌써 플레이가 끝난다.

상대방에게 이게 얼마나 빠르게 일어나는 일인지 이해시키고 싶다면 그를 타자로 지정하고 다른 사람을 투수로 세워라. 투수에게 1초에 4번 박수 치는 연습을 시킨다. 타자는 눈을 감고 타석에 선 채 야구방망이를 들고 있는 시늉을 한다. 준비가 되면, 투수에게 "와인드업 시작"이라고 말하게 한 다음, 잠시 후 박수를 두 번 친다. 이제 플레이가 끝났다.[20]
(이때쯤이면 타자가 "이건 말도 안 돼!"라고 외치며 가상의 방망이를 바닥에 내팽개칠 것이다.)

시연은 회의에서 **제일 중요한 핵심 요점이나 통찰력**을 청중의 마음 속 깊이 주지시키고 싶을 때 유용하다. 한 친구는 리틀리그 시절에 이와 비슷한 경험을 했던 걸 기억한다. 6학년 때 시속 120킬로미터 구속을 가진 투수와 대결하게 되어 코치와 함께 준비 훈련을 할 때의 일이다. (6학년 때는 보통 구속이 80킬로미터 정도이기에 시속 120킬로미터면 초등학생이 고교야구 리그에 참가한 것과 비슷하다.)

이 수업의 요지는 "신체 반응 속도가 엄청나게 빨라야 하고 거기다 실제로 배트까지 휘둘러야 한다. 엄청나게 빨리 반응할 준비가 되어 있어야 하는데, 설사 그게 가능하더라도 공을 칠 가능성은 별로 없다. 첫 번째 박수를 쳤을 때 스윙을 못했다면 아예 안 하는 게 낫다. 기분이 좀 나쁘겠지만 그래도 괜찮다. 이건 일을 망친 게 아니라 물리학의 제약 때문에 어쩔 수 없는 거니까" 정도가 되겠다.

스포츠 사례를 하나 더 들어보겠다. 올림픽 육상 경기는 눈 깜짝할 사이에 승부가 결정나는 종목이다.

2016년 리우데자네이루 올림픽 200미터 달리기에서 우승한 우사인 볼트의 기록은 19.78초였다. 은메달 수상자는 볼트와 0.24초 차이였고, 3~7위까지의 모든 주자가 이후 0.21초 사이에 결승점에 들어왔다. 가장 마지막으로 결승점에 들어온 선수의 기록은 20.43초였다.

1초 동안 최대한 많이 박수를 쳐보라. 일반적으로 1초에 4~5번의 박수를 칠 수 있다. 이제 이 육상 경기의 흐름은 다음과 같다.

첫 번째 박수: 볼트가 시합에서 우승한다.
두 번째 박수: 은메달 수상자가 결승점에 들어오고 뒤이어 동메달
　　　　　　　 수상자와 다른 4명의 선수들이 들어온다.
세 번째 박수: 200미터 달리기에서 전 세계에서 8번째로 빠른 선수
　　　　　　　 가 결승점에 들어온다. 그럼에도 메달은 따지 못하고
　　　　　　　 경기가 끝난다.[21]

다음 번역은 칩의 친구가 대학교 2학년 때 생각해낸 아이디어를
토대로 구성한 것이다. 그 해에 국립예술기금위원회는 많은 이들이
반종교적이라고 생각하는 예술가를 지원했다는 비난을 받았다. 칩
의 친구는 공학도였는데, 그의 번역은 그가 소위 정치 전문가들보다
더 연방 예산 및 지출에 대해 깊이 이해하고 있음을 보여준다.

2016년에 국립예술기금위원회에 배정된 예산은 1억 4,800만 달러다.
이는 총 3조 9,000억 달러에 이르는 연방 예산의 0.004%다.

국민들의 세금을 예술 같지도 않은 예술에 쓸데없이 낭비하고 있다
고 불평하는 사람에게 이렇게 말한다. "연 수입이 6만 달러인 사람은

> 연방소득세로 약 6,300달러를 납부합니다. 그리고 그중에서 1년에 국립예술기금위원회로 가는 돈은 25센트죠. 지금 제가 25센트를 드리죠. 당신이 하도 불평을 해대서 제가 개인적으로 환불해드리는 겁니다."[22]

25센트를 돌려받은 사람은 마지막 순간이 될 때까지 자신이 시연에 참가하고 있다는 사실조차 깨닫지 못한다. 국립예술기금위원회가 너무 많은 돈을 받고 있다고 진심으로 믿는 사람도 요즘엔 팁으로도 안 주는 25센트에 대해 불평하기는 좀 민망할 것이다. 어쩌면 다음에 길거리 음악가에게 1달러를 줄 때 국립예술기금위원회 예산을 4배로 늘리는 게 좋겠다는 생각을 할지도 모른다.

'나'와 관계된 일로 만들기

행동과학에 따르면 우리는 자신과 가깝고 특별하게 느껴질 때 더 큰 관심을 기울인다. 분수, 또는 백분율로 제시된 통계는 중요하기는 커녕 현실적으로 느껴지지도 않을 것이다. 하지만 지금 나와 가까운 이들에게 일어나는 일은 진짜처럼 느껴진다. 그래서 로스쿨 교수들이 입학식 때 단순한 확률을 내세우는 게 아니라 "여러분 중 한 명은 졸업하지 못합니다"라는 말로 경고하는 것이다. 청중이 문제에 관심을 갖게 하고 싶다면 이입할 대상이나 역할극을 통해 상황에 몰입하게 만들어라.

뉴저지의 어느 고등학교 교사 니컬러스 페로니Nicholas Ferroni는 의회의 성별 불균형이 어떤 영향을 미치는지 남학생들에게 이해시키기 위해 다음과 같은 수업 방식을 생각해냈다.

> 미국 의회의 74%가 남성이며, 이들은 여성의 삶에 영향을 끼치는 법안을 자주 검토한다.

> 큰 집단 내에서 여성 3명과 남성 1명으로 구성된 하위 집단을 만든다. 그런 다음 그들에게 집단 내 남성에게만 영향을 미칠 문제에 대한 대책을 결정하게 만든다.[23]

단순히 성별을 반전하기만 해도 남자들을 움찔하게 만들고 현상 유지와 여성의 현실에 대해 알려줄 수 있다.

다음은 우리가 권력 역학의 꼭대기에 있다고 상상하게 만드는 다른 종류의 시연이다.

제프 베이조스의 자산은 2020년 한 해에만 750억 달러나 증가했다.

2만 5,000달러에 대해 생각해보자. 이 돈을 벌려면 몇 주나 일해야 할까? 누가 당신에게 공짜로 2만 5,000달러를 준다면 당신의 삶은 어떻게 바뀔까? 드디어 빚을 다 갚을 수 있을까? 2만 5,000달러를 음식이나 집세, 의료비에 기부한다면 얼마나 많은 사람의 생명을 구할 수 있을까?
그게 바로 당신이 이 글을 읽는 11초 동안 제프 베이조스가 번 돈이다.[24]

이 시연은 깨닫는 데 조금 시간이 걸리지만 그만큼 효과적이다. 당신에게 많은 돈이 있다고 상상하는 바로 그 찰나에 억만장자는 실제로 그만큼의 돈을 벌고 있는 것이다. 당신이 이 문제에 대해 더 오래 생각할수록 그는 더 많은 돈을 벌고 있다.

이런 경험은 이토록 큰 돈이 단 한 사람의 손에 떨어지고 있다는 사실에 대해 많은 이들을 화나게 만든다. 어떤 이들은 베이조스가 자기 능력으로 정당하게 번 돈인데 뭐가 문제냐고 할지도 모른다. 하지만 여기서 중요한 것은 '부자'에 대한 우리의 통상적 개념으로는 세상에서 가장 부유한 사람이 실제로 얼마나 부유한지 상상조차 할 수 없다는 데 있다. 그들이 실제 누리는 부는 우리가 막연히 상상하는 수준을 훨씬 초월한다.

직접 보여주기

시연을 사용하면 슬라이드 자료에는 다 들어가지도 않을 거창하고 복잡한 숫자 정보를 번역할 수 있다. 우리가 가장 좋아하는 이야기 중 하나는 미국의 공급망 관리 전문가 존 스테그너_{Jon Stegner}의 사례다. 그는 회사 구매관리 시스템이 쓸데없이 과도한 지출을 하고 있다는 사실을 보여줄 기발한 방법을 고안해냈다.

우리는 비효율적인 구매 시스템에 수십만, 어쩌면 수백만 달러를 낭비하고 있습니다. 다음은 제 조사 결과를 요약한 스프레드시트로, 9개 탭으로 구성되어 있습니다.

지금 우리 회사에서 구매하고 있는 424종에 달하는 다양한 장갑들을 보십시오. 이건 우리가 조달 중인 수많은 제품군 중 하나일 뿐입니다.[25]

먼저 그는 인턴에게 회사가 구입한 여러 종류의 물자 중 가장 흔한 한 가지 물품을 조사하라고 일렀다. 바로 조립라인에서 작업하는 노동자들을 뜨겁고 날카로운 물체로부터 보호하는 장갑이었다. 회사는 모든 공장에 걸쳐 도합 424종의 장갑을 구입했고, 종종 비슷한 장갑에 대해 서로 다른 업체에 상이한 가격을 지불했다. 이 모든 데이터를 하나의 엑셀 문서에 집어넣는 것은 번거로운 일이다. 문장으로 정리하거나 프레젠테이션 도중 말로 설명하는 것도 거의 불가능하다.

그러나 스테그너는 이 복잡한 데이터와 단순한 메시지를 모두 담을 수 있는 간단한 해결 방법을 찾아냈다. 그는 인턴에게 각 종류의 장갑을 구해온 다음 일일이 가격표를 붙이라고 지시했다. 그러곤 이렇게 모은 장갑을 회의실 탁자 위에 쏟아붓고 리더들을 한 명씩 불러 이 장갑 더미를 가까이서 보게 했다. 누가 봐도 한눈에, 또는 자세히 살펴보면 회사의 장갑 조달 시스템을 개선하는 것이 절실함을 알 수 있었다. 검은색 장갑 한 켤레에 3.22달러라는 가격표가 붙어 있다면 바로 옆에 있는 거의 똑같은 다른 장갑에는 10.55달러라고 적혀 있었다. 이 장갑의 산은 실제 진행 중인 현실을 물리적으로 재현하고 있었기에 누구도 그의 주장을 부인할 수 없었다.

장갑 더미를 본 사람은 즉시 똑같은 질문을 던지게 되어 있다. 스테그너가 원한 바로 그 질문이었다. "우리가 장갑에 이 많은 돈을 낭비하고 있다면, 다른 곳에는 얼마나 많은 돈을 낭비하고 있을까?"

이 시연은 회사 전체로 퍼져 나갔다. 경영진부터 공장 현장에 이르기까지 '캠페인 투어'가 진행되었고, 얼마 지나지 않아 의사결정 권자들은 조달 시스템을 철저히 점검해야 한다는 사실을 이해할 수 있었다. 그들을 설득하기 위해 스테그너가 열심히 노력할 필요조차 없었다. 아무도 장갑 더미와는 논쟁을 벌일 수 없었으니까.

이것이 바로 시연의 힘이다. '건조한' 통계는 사람들의 관점을 바꾸는 데 큰 도움이 되지 않고("우리가 진짜 이렇게 많은 종류의 장갑을 구입하고 있다는 겁니까?") 관심의 초점을 옮기는 데에도 큰 효과가 없다("글쎄요, 우리가 또 어디에 돈을 낭비하고 있을까요?").

반대로 사람들은 숫자를 물리적으로 연출하고 구체적인 물체를 보고 직접 만짐으로써 300미터가 얼마나 긴지, 시속 120킬로미터의 직구를 마주하는 게 얼마나 무서운지, 424종의 장갑이 얼마나 많은지, 1969년이 '어얼마나아아' 오래전인지를(개인적으로 1969년을 기억하시는 분들께는 죄송) 직관적으로 이해할 수 있다. 숫자를 이용해 사람들을 움직이고 싶다면, 숫자를 가까이 가져와 직접 보고 느낄 수 있게 만들어라.

통계의 무게감은
과정에서 나온다

1999년부터 2001년까지 실리콘밸리의 벤처 투자가들은 2,040억 달러의 자금을 조달했다. 기존의 4배가 넘는 투자액이다. 과연 이들은 업계의 연평균 수익률인 18%를 달성해 2012년까지 투자액을 1조 3,000억 달러로 늘릴 수 있을까? 어마어마한 숫자처럼 보이지만 이 벤처캐피털 회사들이 인텔과 애플, 시스코Cisco, 넷스케이프Netscape 같은 IT 거인들의 탄생에 이바지했다는 사실을 고려하면 그 가능성을 쉽게 예측하기는 어렵다.

그래서《포천》의 한 기자가 이를 과정으로 전환해 설명했다.

> 시장의 투자 추세를 감안할 때, 벤처캐피털의 투자수익률이 과연 계속 유지될 수 있을까? 현재와 같은 추세라면 2012년까지 1조 3,000억 달러의 투자가 이뤄져야 한다.

이렇게 생각해보자. 이베이는 닷컴 버블을 피해간 몇 안 되는 성공적인 회사 중 하나다. 이베이의 시장가치는 한때 최대 160억 달러에 달했고, 벤처캐피털 회사인 벤치마크캐피털Benchmark Capital은 40억 달러 이상의 투자 수익을 올렸다. 그렇다면 벤처 투자사들이 18% 수익을 달성하려면 …… 얼마나 많은 이베이를 상장해야 할까? 답은 325개 이상이다. 즉 지금부터 2012년까지 대략 열흘마다 이베이를 하나씩 상장해야 한다는 뜻이다.[26]

아니면 8년 동안 페이스북을 한 달에 3개씩 상장하든가. 보면 알 겠지만 둘 모두 **택도 없는 소리**다. 이 숫자 번역은 마치 누군가 배에 바위 같은 주먹을 내지른 것 같은 충격을 안겨준다.

숫자가 커질수록 그로 인해 느끼는 놀라움은 줄어든다. **심리적 무 감각** 때문이다. 심리학자 폴 슬로빅Paul Slovic은 비극적인 사건의 피해 자가 늘수록 우리가 느끼는 연민이 어떻게 감소하는지 연구했는데,[27] 부분적으로 이는 우리가 큰 숫자에는 사물 하나에 의미를 부여하는 것과 같은 방식으로 의미를 부여하지 못하기 때문이다. 생애 처음 100만 달러를 벌었을 때는 신이 나지만 한 여섯 번쯤 100만 달러를 벌고 나면 그리 대단하게 느껴지지 않는다. 57번째쯤 되면 아예 심 드렁해진다. 큰 숫자의 의미를 전달하는 한편 놀라움과 경외심을 유 지하고 싶다면 시간의 흐름에 따라 진행되는 과정으로 변환해보라. 100만 달러를 벌 때마다 처음 있는 일처럼 느끼게 하는 것이다.

과정의 전개

미국에는 약 4억 정의 민간 소유 총기가 있다. 이는 미국의 모든 남성과 여성, 아동이 한 자루씩 갖고도 약 7,000만 정이 남는 숫자다.

미국에는 약 4억 정의 민간 소유 총기가 있다. 이는 미국의 모든 남성과 여성, 아동이 한 자루씩 가진 다음, 앞으로 20년 동안 미국에서 태어날 모든 아기에게도 한 자루씩 나눠줄 수 있는 양이다.[28]

우리는 이미 통계의 첫 부분에서 3억 3,000만을 미국의 모든 남성과 여성, 아동에게 총기를 한 자루씩 나눠주는 것으로 번역했다. 하지만 과정으로 변환하면 남은 7,000만 정을 확실히 강조할 수 있다.

평범한 행동이 누적되면

일상과 습관, 그리고 과정은 우리에게 친숙하기 때문에 직접 경험하지 못한 것을 상상하는 완벽한 재료가 될 수 있다.

사실 이것은 아주 오래된 기법이다. 인류학자들은 여러 문화권에서 거리를 표현하는 단어가 과정과 관련이 있다고 말한다. 예를 들

통계의 무게감은 과정에서 나온다

어 인도양 열도에 사는 니코바르인은 '덜 익은 코코넛을 마시는 동안 이동할 수 있는 거리'를 사용하고, 또 다른 문화권에서는 베텔넛(빈랑나무 씨앗)을 씹는 시간을 기준으로 거리를 측정한다(동남아시아 카렌 지역). 북부 스칸디나비아 문화권의 유목민족인 라플란드의 사미인은 며칠 밖에 안 걸릴 때는 '인간 하루'를 쓰지만, 거리가 그보다 훨씬 늘어나 더 큰 단위로 표현해야 할 때는 '순록 하루(순록이 하루 동안 이동할 수 있는 거리)' 또는 '늑대 하루(가장 긴 거리 단위)'를 사용한다. 하지만 가장 친숙한 단위는 바로 하루 중에서 이동하는 일부 거리를 표현할 때 사용하는 단어다. 영어권 사람들은 잠시 멈춰 커피를 마셔야 하는 때를 기준으로 거리를 측정한다.[29]

일상 속 과정과 행동을 바탕으로 이동 거리를 추정하는 것은 누구나 그 과정을 상상할 수 있고 따로 숫자를 계산하거나 변환할 필요도 없이 거리 감각을 느낄 수 있다는 점에서 유용하다.

복잡한 현대 사회에서도 이와 같은 방법을 활용할 수 있다. 즉 숫자를 잘 훈련된 일상의 근육 기억을 상기시키는 간단한 행동의 과정으로 변환해 표현하는 것이다.

에비앙 생수 한 병은 수돗물보다 3,970배 비싸다.[30]

샌프란시스코의 수돗물은 요세미티 국립공원의 수자원을 이용하는

3장 숫자에 감성을 입어라

데, 수질이 뛰어나 정화 처리를 거칠 필요도 없다. 에비앙 한 병을 사서 마실 돈으로 같은 물병을 수돗물로 10년 5개월 21일 동안 채울 수 있다.

이 단순한 번역은 너무 커서 기억하기 어려운 숫자를 너무 인상적이라 잊을 수 없는 과정으로 변환한다.

품질 관리 시스템인 식스시그마의 불량품 발생률은 제품 100만 개 당 3.4개다.[31]

제빵사가 식스시그마 전략을 실행할 경우 매일 밤 초콜릿칩 쿠키 24개를 구울 때 타거나 덜 익거나 초코칩이 하나도 들어가지 않은 쿠키가 나올 확률은 37년 동안 겨우 1개다.

제품 100만 개가 얼마나 많은지는 숫자로 들으면 잘 감이 안 잡히지만 쿠키로 변환하면 식스시그마의 품질 관리가 얼마나 뛰어난지 평범한 사람들에게 각인시킬 수 있다. 같은 원리로 청중에 따라 다양한 과정 및 승수를 활용할 수도 있다. 가령 메이저리그 투수에 비유하자면 98년 동안 단 한 번도 스트라이크 존을 벗어난 공을 던지지 않는 것(그리고 안타를 한 번도 맞지 않고…… 한 시즌에 20경기 이상 6이닝 무실점을 하거나)이 되겠다.[32]

단계마다 덩어리로 묶기

사과 100개를 커다란 양동이에 담는다고 생각해보자. 하나씩 담을 때는 별거 아니다. 하나에 100그램 남짓이고, 체육관에서 쓰는 제일 작은 아령보다 가볍다. 하지만 사과 100개가 담긴 양동이를 들어보면 꽤 무거울 것이다.

이번에는 사과 100개가 담긴 양동이를 하나씩 나무 팔레트 위에 쌓아보자. 어느 시점이 되면 팔레트를 들어 올릴 수도 없을 것이다. 여기서부터는 무조건 기계에게 맡겨야 한다. 200킬로그램이나 2,000킬로그램이나 마찬가지다. 둘 다 사람의 힘으로 어떻게 할 수 있는 수준이 아니기 때문이다.

통계를 실감나게 만들려면 양동이 수준에서 그쳐야 한다. 무겁다는 것을 알 수 있되, 가늠할 수 없는 수준은 되지 않게 말이다.

미국에서는 30분마다 살인사건이 발생한다.

> 미국에서는 매일 50명이 살해된다.[33]

소셜미디어에서는 누군가 30초마다 "30초마다 세상에는 이러이러한 나쁜 일이 일어납니다" 같은 말로 시작되는 슬픈 통계를 올린다. 3장에서 설명했던 1의 힘 원칙을 사용한다면 그다지 나쁜 방법이 아니다. 그러나 관념적인 죽음은 그렇게 심각하거나 무겁게 느껴지지 않는다. 특히 이렇게 너무 흔한 방식으로 제시되면 거의 진부하게까지 느껴져 무시되기 쉽다.

반면에 하루 동안 살해된 사람들을 보여주면 사람들의 눈길을 끌 수 있다. 하루에 50명은 인상적인 숫자다. 무시할 수 없을 만큼 크지만 계산기가 필요할 정도로 많지는 않다.

개별적인 사례와 누적 통계를 모두 보여줄 수도 있다. 《뉴욕타임스》는 코로나19 사망자 수가 10만 명을 돌파했을 때 매우 감동적인 기사를 게재했다. 1면 전체를 코로나19로 사망한 1,000명의 이름으로 꽉 채운 것이다. 신문을 넓게 펼치면 50센티미터 길이의 6단짜리 기사가 한눈에 펼쳐졌다. 사망자의 이름에는 다음처럼 간략한 인적 사항이 첨부되어 있었다.

> 지금 미국에서는 1분마다 1명씩 코로나19로 숨지고 있다.

- 로버트 가프(77세) 전 유타주 하원의장, 자동차제조사 경영인, 자선가
- 필립 토머스(48세) 시카고주, 월마트 동료들은 그에게 가족과도 같았다
- 앨런 메릴(69세) 뉴욕주, 〈아이러브 로큰롤〉의 작곡가
- 피터 새커스(67세) 일리노이주 노스브룩, 동물병원 경영
- 조지프 요기(65세) 인디애나주, 많은 사람의 멘토이자 친구
- 메리 로먼(85세) 코네티컷주 노워크, 투포환 챔피언, 전 지역 정치인
- 로레나 보르하트(59세) 뉴욕주, 트랜스젠더 이민 활동가
- 제임스 T. 굿리치(73세) 뉴욕주, 결합쌍생아 분리수술을 성공시킨 외과의사
- 재니스 프리스첼(60세) 뉴저지주 티넥, 음식 기부 프로그램 푸드 팬트리 창시
- 장클로드 엔리온(72세) 플로리다주, 할리데이비슨 애호가

이 기사는 독자들로 하여금 1분마다 이름 모를 관념적인 희생자가 뚝뚝 떨어지는 모습을 **상상**하게 하는 게 아니라 사망자 한 명 한 명을 현실적이고 구체적으로 묘사해 감정적으로 이입하게 만든다. 이 세상의 밝은 빛과 소금으로, 병마로 쓰러지기 전 술집에서 만나 함께 술잔을 기울였을지도 모를 가깝고 정다운 사람으로 말이다.

이 기사의 효과를 완전히 느끼려면 인쇄된 종이신문으로 봐야 한다. 개인에 대한 정보를 한줄 한줄 읽는 것과 동시에, 널찍한 신문 한면 전체가 수많은 이의 이름과 개인적 사연으로 빽빽하게 채워져 있

어서 시각적 충격을 함께 느낄 수 있기 때문이다. 끝없이 나열된 이름들.《뉴욕타임스》의 언급에 따르면 사망자 10만 명 중 단 1,000명의 이름을 실으려면 이와 비슷한 크기의 섹션이 2개는 더 필요했다.

개개인의 존재에는 무게감이 있다. 누적된 숫자도 마찬가지다. 물론 모든 문제가 코로나19만큼 크고 심각한 것은 아니다.《뉴욕타임스》는 아무것도 없는 곳에서 갑자기 이런 심각한 감정을 소환한 게 아니라, 누구나 그 무게를 느낄 수 있게 전달할 방법을 찾아냈다. 청중에게 진지하고 심각한 통계의 무게를 올바로 전달하고 싶다면 그것을 목표로 삼아야 한다.

앙코르 기법,
결정타를 날려라

신나는 록 콘서트에 가본 적이 있는가? 밴드는 제일 유명한 대표곡들로 끝내주는 레퍼토리를 준비했을 것이다. 최신 히트곡과 불멸의 고전, 숨은 다이아몬드가 혼합된 레퍼토리는 관객들을 만족시키고 입장료로 낸 돈보다 더 많은 것을 얻었다는 느낌을 받게 한다.

하지만 만족감을 느낀 그때, 마지막 순간 앙코르곡이 등장한다. 때로는 다른 밴드의 커버곡일 수도 있고 아니면 본인들의 가장 유명한 대표곡일 수도 있지만 어쨌든 앙코르가 나오면 모든 관객이 벌떡 일어나 열광할 것이다. 그러곤 흥분을 가라앉히지도 못하고 날아갈 것 같은 기분으로 집에 돌아가는데, 기대치를 최고로 충족시키고도 마지막에 그 이상을 얻었기 때문이다.

청중에게 숫자로 깊은 인상을 주고 싶다면 이렇게 해야 한다. 숫자가 이끌어내는 감정이 늘 환희나 즐거움이 될 수는 없지만 그래도 이 방법은 언제나 효과를 발휘한다. 너무 많은 숫자가 한꺼번에 쏟

3장 숫자에 감성을 얹어라

아지면 우리는 그 거대함에 압도돼 무감각해진다. 그러나 약간 작은 숫자로 먼저 강한 인식을 심어준 후에 끝났다는 생각이 들 때쯤 남은 숫자를 앙코르처럼 제시한다면 두 숫자 모두 사람들의 뇌리에 깊이 박히게 될 것이다.

> 전 세계 모든 사람이 미국인만큼 고기를 먹는다면 가축을 기르기 위해 지구상 거주 가능한 토지의 138%에 달하는 면적이 필요하다.

> 전 세계 모든 사람이 미국인만큼 고기를 먹는다면, 가축을 기르기 위해 지구상에 존재하는 모든 거주 가능한 토지는 물론 거기에 아프리카와 호주를 합친 만큼의 면적이 더 필요하다.[34]

138%를 머릿속에서 한꺼번에 처리하면 과부하가 온다. 그러나 지구상에 있는 모든 거주 가능한 땅, 즉 모든 숲과 들판, 우리가 사는 동네까지 전부 가축을 기르는 데 사용해야 한다고 상상하면 그것이 지속가능하지 않다는 사실을 직관적으로 알 수 있다. 심지어 거기서 끝이 아니라 아프리카와 호주까지 추가로 필요하다는 걸 알게 되면 요점을 더욱 명백하게 이해할 수 있을 것이다.

어쨌든 앞으로는 콩으로 요리하는 법을 배우는 게 좋겠다.

앙코르 기법은 본능적인 무감각을 부르는 거대한 숫자를 이해시

173

앙코르 기법, 결정타를 날려라

킬 때 완벽한 방법이다. '복권에 당첨될 확률'은 사실 그게 얼마나 희박한 확률인지 잘 감이 안 잡히는 진부한 표현이다. 이를 한눈에 알아볼 수 있는 표현으로 번역해보자.

파워볼 당첨 확률: 292,201,338분의 1

상대방이 머릿속으로 생각하고 있는 임의의 날짜를 맞혀야 한다고 하자. 1년(기원후) 1월 1일부터 2667년 9월 18일 사이에 있는 어떤 날짜든 될 수 있다. 이걸 맞추면 복권에 당첨된다.
그리고 복권에 당첨이 된다고 해도 복권 뒷면에 깨알같이 적혀 있는 부대 사항이 아직 남아 있다. 벽에 똑같이 생긴 봉투 300개가 꽂혀 있다. 그중 당첨금 수표가 든 봉투를 골라내지 못하면 당신은 빈손으로 돌아가야 한다.[35]

첫 번째 조건을 더 어렵게 만들어 한 번에 끝낼 수도 있지만, 날짜 고르기 하나만으로도 이미 충분히 어렵다. 이런 불가능해 보이는 역경을 극복했는데 성공 가능성이 거의 없는 또 다른 조건을 통과해야 한다는 사실을 알게 되면 절망적이다.

앙코르 기법은 다른 원칙들을 조합해 사용하면 더욱 효과적이다. 이미 충분히 구체적이고 충격적으로 느껴지는데, 거기에 앙코르의 힘까지 더해지면 강력한 여파를 실감할 수 있다.

다른 기법들처럼 앙코르 역시 재미난 통계뿐만 아니라 진지한 통계에도 사용할 수 있다. 그중에서 우리가 특히 좋아하는 예시를 소개한다.

개구리는 제 몸길이의 몇 배에 달하는 거리를 뛸 수 있다.

만약 당신이 개구리처럼 점프할 수 있다면 3점 라인에서 덩크슛을 할 수 있다. 그것도 반대편 코트 3점 라인에서 말이다![36]

마이클 조던, 제임스 르브론, 〈에어버드Air Bud〉(농구를 잘하는 개 버디가 주인공인 가족영화―옮긴이)에 이르기까지, 역사상 어떤 NBA 선수도 3점 라인에서 덩크슛을 하지는 못했다. 그보다 거리가 훨씬 짧은 자유투 덩크슛 기록도 얼마 없다.

그러니 이 개구리는 이미 경쟁 선수들을 훨씬 앞서고 있는 셈이다. 그런데 카메라가 한 화면에 잡을 수도 없는 **반대편 코트 3점 라인**에서 뛰어올라 덩크슛을 한다? 온 관중이 기립박수를 쳐야 할 사건이다.

기대는 깨트리라고
있는 것

삶이 우리의 예측과 일치하지 않을 때 우리는 사람들의 관심을 사로 잡는 가장 탁월한 방법을 알게 된다. 바로 놀라움이다. 놀랍고 충격 적인 숫자를 제시하면 사람들은 그것을 중요하게 받아들일 것이다. 그러나 앞에서도 봤듯이, 청중은 각자 다양한 배경과 기대를 갖고 있다. 가라데 사범이 나무판을 쪼개듯 규칙을 깔끔하게 깨트리려면 규칙을 **설정**하는 게 먼저다.

우리는 이것을 '굳히고 깨트리기'라고 부른다. 사람들의 기대를 깨트려 충격을 주려면 먼저 기존의 생각을 확고하게 만들어야 한다. 히어로가 악당과 싸우게 하려면 그전에 악역이 승리하는 모습을 몇 번 보여줘야 한다. 『아기 돼지 삼형제』에서 늑대가 아기 돼지의 집을 두 번이나 무너뜨리지 않았다면 세 번째 아기 돼지가 만든 벽돌집에 별로 감동하지 않을 것이다.

스티브 잡스는 이 기술의 대가였다. 맥북 에어를 처음 소개할 때의 일이다. 신제품 발표회에서 놀랍게도 그는 경쟁 제품인 소니 TZ 시리즈에 대한 칭찬을 늘어놓았다. "아주 좋은 노트북입니다. 매우 얇지요."

그는 애플이 시중에 나와 있는 얇기로 유명한 모든 컴퓨터를 살펴보았다고 말했다. 그러곤 그들이 발견한 사실을 표로 정리해 보여주었다. 얇은 노트북은 무게가 1킬로그램 정도로 굉장히 가볍지만 화면과 키보드가 작고 프로세서가 느리다는 단점이 있었다. 이 모두 애플이 에어 제품군에서 개선하고자 하는 특성이었다.

잡스는 재빨리 시각 자료를 띄웠다. 소니 노트북 TZ의 측면도와 함께 표가 등장했다. TZ에서 가장 두꺼운 부분은 1.2인치(3센티미터)였고, 앞쪽으로 갈수록 점점 얇아져 가장 얇은 부분은 0.8인치(2센티미터)였다.

잡스는 청중의 마음속에 경쟁사의 '얇은 컴퓨터'가 어떤 모습인지 확실하게 각인시킨 다음 맥북 에어의 치수를 보여줌으로써 패턴을 깨트렸다. "이것은 맥북 에어입니다." 그가 말하자 이미지가 화면에 나타났다.

이제 TZ 시리즈는 맥북 에어에 비해 두껍고 둔해 보였다.

우레와 같은 박수갈채와 환호성이 터졌다. "맥북의 후면 두께는 0.76인치이고, 앞으로 갈수록 점점 얇아져 전면부는 0.16인치에 지나지 않습니다……."

그러곤 종지부를 찍는 결정적인 문장이 터져 나왔다. "여러분께 이 점을 강조하고 싶군요. 맥북 에어에서 가장 두꺼운 부분도 TZ의 가장 얇은 부분보다 더 얇습니다."[37]

앞 장에서 설명한 앙코르 기법을 얼마나 멋들어지게 적용했는지 보라. (잡스의 완벽주의 성향을 감안하면, 애플은 이 0.04인치를 줄이기 위해 기계공학자 3명과 디자이너 2명을 갈아 넣었을 게 틀림없다. 잡스가 "우리 제품의 가장 두꺼운 부분조차 경쟁사의 가장 얇은 부분보다 더 얇습니다!"라는 결정타를 근사하게 날릴 수 있게 말이다.)

프레젠테이션의 이 핵심 문장은 소니와 애플 간에 이미 경쟁 구도가 확립되어 있었기 때문에 가능했다. 비교 대상(업계 최고 제품의 최고 장점)을 이미 알고 있다면 맥북 에어의 새로운 특성이 얼마나 혁신적인지 단번에 이해할 수 있다. '깨트리기' 전에 '굳히기'가 없었다면 아무도 0.8인치와 0.76인치의 차이에 신경 쓰지 않았을 것이다.

소니 노트북 TZ의 두께는 1.2인치부터 0.8인치 사이입니다. 우리는 이 제품보다 평균 0.5인치 더 얇습니다.

맥북 에어에서 가장 두꺼운 부분도 TZ의 가장 얇은 부분보다 더 얇습니다.

이 기법의 탁월함은 풍부한 관련 지식을 지닌 청중은 물론 초보자나 문외한에게도 큰 효과를 발휘한다는 데 있다. 잡스는 혁신의 진가를 아는 전문가와 이해도가 높지 않은 대중 모두에게 프레젠테이션을 해야 했기 때문이다.

해당 기술 산업의 상황을 어느 정도 전반적으로 파악하고 있다면, 완전히 새로운 정보가 아니더라도 경쟁 업체에 대한 완벽한 조사는 중요하다. 특정한 상황을 설정하고 전부터 궁금해하던 질문에 대한 답을 제시하기 때문이다. "잠깐, 소니 제품은 얼마나 두꺼운가요? 레노버는요? 델은요?" 대답을 모르더라도 필요한 시점이 되면 알게 된다. 훌륭한 굳히기는 청중을 하나로 통합한다. 정보에 친숙한 이들은 정확성을 높이 평가하고, 다른 이들은 통찰력을 높이 평가한다.

다음은 우리에겐 낯설지 몰라도 스페인어 사용 인구에서는 놀라운 인기를 구가하고 있는 싱어송라이터 로미오 산토스Romeo Santos에 관한 뉴스 기사다. 양키스 스타디움에서 열린 그의 공연은 하루밤

만에 2회 연속 5만 장의 표가 매진되었다. 여러분이 음악 시장에 대해 얼마나 잘 알고 있는지는 모르겠지만, 《뉴욕타임스》의 중남미 전문 기자 래리 로터 Larry Rohter가 쓴 다음 기사를 읽어보면 5만×2회가 어떤 의미인지 이해하는 데 도움이 될 것이다.

> 핑크플로이드의 〈더 월〉도 할 수 없었고, 제이지는 저스틴 팀버레이크와 에미넴의 도움을 받아야 했으며, 메탈리카는 시도조차 하지 않았다. 5만 명의 관객을 수용할 수 있는 양키스 스타디움 공연의 연속 매진은 폴 매카트니가 아닌 한 어떤 팝뮤직 아티스트도 거의 불가능한 일이다. 그러나 금요일과 토요일 밤에 공연할 로미오 산토스는 이를 성취해냈다.[38]

팝송을 조금 듣는 사람이라면 기사에 언급된 가수들이 얼마나 거물인지 알 것이고 위에서 말한 비교를 어느 정도 이해할 것이다. 혹은 음악 업계에서 일하는 사람이라면 양키스 스타디움 공연을 연속 매진시키는 것이 얼마나 어려운 일인지 더 분명하게 이해할 것이다. 그리고 양쪽 모두 《뉴욕타임스》 독자들은 들어본 적도 없는 가수가 이를 해냈다는 데 충격을 받는다. 이들은 스페인어권 음악 스타들이 얼마나 거대한 팬을 갖고 있는지 새로운 깨달음을 얻게 될 것이며, 앞으로 그들에게 관심을 기울이게 될 것이다.

로터의 기사가 강렬한 이유 중 하나는 그가 팬들의 기대치를 잘 알고 있으며, 베이비부머 세대와 X세대, 그리고 밀레니얼 세대까지도 이해할 수 있는 패턴을 형성하는 사례를 제시했기 때문이다.

문화적 기대는 많은 곳에 깃들어 있다. 가령 "피크닉"이라는 말을 들으면 우리는 빨간색과 흰색의 체크무늬 담요와 라탄 바구니, 샌드위치, 그리고 수박을 떠올린다. "서퍼"라는 말을 들으면 많은 이들이 "요, 친구!"를 입에 달고 다니며 역사 공부는 거들떠보지도 않는 금발의 백인 남성을 떠올릴 것이다. 청중에게 이런 문화적 기대가 담긴 이미지를 형성하고 확고하게 굳힐 기회를 줘라. 그런 다음 그 기대에 어긋나는 것을 제시하면, 예를 들어 말리에서 온 83세의 할머니가 서핑을 하는 모습을 보여주면 큰 놀라움을 선사할 수 있다.

그러나 패턴을 만드는 데 익숙한 사람이라면 문화적 기대가 없을 때조차도 이런 경험을 만들 수 있다. 외교정책 전문가 파리드 자카리아Fareed Zakaria가 아래 예시에서 보도한 것처럼 말이다.

전 세계 사람들은 자유무역에 대해 어떻게 생각할까?[39] 또 전형적인 미국인의 시각은 어떠할까? 아래 내용을 읽으며 기대가 어떻게 형성되고 변화하는지 살펴보자.

> 59%의 미국인이 국가 간 무역 협력이 증가하고 있다는 사실에 대해 "매우 좋다" 또는 "다소 좋다"라고 응답했다.

기대는 깨트리라고 있는 것

자카리아는 퓨리서치Pew Research의 조사 결과를 인용하며 다음과 같이 말했다. "압도적인 다수가 국가 간 무역 협력에 대해 '매우 좋다' 또는 '다소 좋다'라고 응답했다. 중국의 경우에는 91%, 독일은 85%, 불가리아는 88%, 남아프리카공화국은 87%, 케냐는 93%가 이렇게 답했다. 조사 대상 47개국 가운데 꼴찌는 바로 미국으로, 미국의 경우 그렇게 응답한 비율은 59%였다.

긍정적 응답률에 있어 미국과 격차가 10% 이내인 국가는 이집트가 유일하다.

미국은 전통적으로 친무역 국가로 인식되기 때문에 주로 80%대 후반에서 90%대 초반에 이르는 각국의 높은 응답 패턴을 보면 당연히 미국도 그 범위 안에 있거나 그 이상이라고 추정할 것이다. 설령 놀라움 요소를 어느 정도 예상하고 미국의 긍정 응답 비율이 기대보다 낮을 거라고 예측했다고 해도 기껏해야 70% 중반 정도를 기대했을 것이다. 하지만 그때, 자카리아는 "꼴찌", "59%", "미국과 격차가 10% 이내인 국가" 등과 같은 표현으로 우리의 기대를 깨트린다. 확실히 이 숫자는 우리의 기대에 한참 못 미친다.

반대로 만일 그가 59%라는 수치로 이야기를 시작했다면 어땠을까? 우리는 그다지 놀라지 않았을 것이다. 비교할 숫자가 없다면 50% 이상은 꽤 친무역적으로 보이기 때문이다. 그러나 자카리아는 다른 국가들의 수치를 먼저 제시함으로써 듣는 사람의 예상을 깨트리고 생각해봐야 할 문제를 강조할 수 있었다.

은연중에 우리의 기대와 관련된 다른 문제들도 재구성하면 더 큰 놀라움을 야기할 수 있다.

《포천》선정 500대 기업 CEO 사이에 가장 흔한 이름은 뭘까? 존, 제임스, 그리고…… 모든 여성 CEO의 이름을 합친 것.

성 불평등에 대해 이야기할 준비가 아직 안 됐다면 이 사실을 논의하기 시작할 기회로 삼아도 되겠다. 우리는 아무 의도도 없이 그냥 어쩌다 알게 된 사실에 대해 생각하고 있었을 뿐이다. CEO들의 이름. 제일 흔한 이름이 뭘까? 빌? 데이브? 마이크? 스티브? 그러다 핵심 문장이 공개되는 순간, 우리는 대화에서 무엇이 빠져 있는지 있는지 깨닫고 뭔가 아주 잘못되었음을 알게 된다.

여기 우리가 좋아하는 또 다른 예시를 소개한다. 사람들이 우리 몸에 대해 얼마나 무지한지를 잘 보여주는 사례.

우리 몸의 신경 자극이 뇌까지 전달되는 속도는 시속 435킬로미터다. 사람들은 대개 우리 신경계의 빠른 전달 속도에 자부심을 느낀다.

머리는 볼티모어에, 발가락은 남아프리카공화국에 있는 지구만 한 몸집의 거인이 월요일에 상어에 물린다면, 수요일까지는 자신이 물린 것도 느끼지 못할 것이고 금요일까지 아무 반응도 하지 않을 것이다.(데이비드 린덴David Linden, 존스홉킨스 병원) [40]

우리는 우리 몸의 신경 반응이 순식간에 일어난다고 생각하지만 사실 그 속도는 비행기보다 느리다. 만약 케이프타운 해안에서 상어가 거인의 발가락을 깨물었다면 우리는 수영복을 일상복으로 갈아입고, 택시를 타고, 국제선을 타고 볼티모어 국제공항에 도착해, 볼티모어 시내에 들러 크랩케이크와 맥주를 즐긴 뒤에 여유롭게 거인의 귀에 나쁜 소식을 속닥여줄 수 있고, 그러고도 그가 통증을 느낄 때까지 한참을 기다려야 할 것이다.

기대를 깨트리는 이 시연을 통해 우리의 신체에 대해 더 잘 이해하게 되고 나아가 영화 속 괴물들에 대한 인식도 달라졌을 것이다. 오래된 영화 속에서 무겁고 둔하게 움직이던 고질라와 킹콩은 사실 현대 컴퓨터그래픽 버전보다 더 현실적이다.

노트북 두께든 신경전달 속도든, 어떤 특성을 강조하고 싶을 때는 청중이 그에 대해 갖고 있던 암묵적인 기대를 깨트리고 대조해 요점을 더욱 두드러지게 만들 수 있다. 사실을 밝히기 전에 그들의 가정을 더욱 확고하게 굳혀라. 청중이 스스로 뭔가를 잘 알고 있다고 생각하는가? 정부가 국립예술기금위원회에 돈을 너무 많이 쓴다고 여기고 있는가? 어떤 엔터테인먼트 산업 규모가 가장 크다고 생각하는가? 그렇게 편안함을 느끼고 방심하는 순간, 예상을 깨트리고 놀라움을 자아낼 기회를 얻을 수 있다.

놀라움의 효과는 강력하다. 교실에 앉아 있는 어린 학생이든 유권자, 아니면 현장 직원이든 '사람들의 관심'을 끄는 게 너무 어렵다

고 불평한 경험이 있다면 당신에게 필요한 것은 놀라움이다. 놀라움
은 관심을 한 점에 집중시킬 수 있는 감정이다. 두 눈이 휘둥그레지
고 몸이 얼어붙는다. 입이 크게 벌어지고 어안이 벙벙해지며, 머릿속
이 하얘지고 감각이 마비된다. 이처럼 놀라움은 아주 강력하다. 그것
으로 고문을 할 수 있었다면 제네바 협정에 따라 불법이 됐을 거다.
놀라움은 사람들이 올바른 것에 주의를 기울이게 만드는 강력한 도
구다.

기대는 깨트리라고 있는 것

숫자를 미니어처로 만들어라

다루기 쉬운 숫자는 따로 있다

길을 잃지 않도록
지도를 그려라

낯선 도시, 이를테면 런던이나 리스본, 워싱턴 D.C.에 가면 지하철 노선도를 접하게 된다. 보통 단순하고 밝은색으로 표시되어 있으며, 지리적으로 그다지 정확하지는 않다. 노선표를 보고 지하철을 타고 돌아다닐 수는 있어도 도시가 실제로 어떻게 생겼는지는 모를 수도 있다. 왜냐하면 이 지도는 도시의 전체 구조를 익히지 않아도 A 지점에서 B 지점으로 이동하는 방법, 즉 반드시 필요한 정보만을 간략하게 알려주기 때문이다. 시간이 지나면 현지인처럼 익숙해져 다른 관광객에게 길을 설명해줄 수도 있겠지만, 어쨌든 노선도만 있으면 여행 초반에도 호텔까지 가는 길을 잃을 일은 없다.

낯선 통계에 대해 사람들에게 설명할 때도 같은 전략을 사용하면 좋다. 몇 개의 중요한 랜드마크를 이용해 사람들이 전문가가 되지 않고도 맥락을 이해할 수 있게 돕는 것이다.

당신은 체온에 대해 얼마나 잘 알고 있는가? 안나 바겐홀름Anna Bagenholm은 노르웨이에서 스키를 타다가 얼음이 깨져 그만 강에 빠지고 말았다. 그는 구조대원이 도착할 때까지 자그마치 40분 동안 얼음판 아래 에어포켓에서 간신히 숨을 쉬며 버텼다. 그러다 결국 의식을 잃었고, 호흡과 혈액 순환이 멈췄으며, 구조대원이 그녀를 얼음 밑에서 꺼낼 때까지 물속에서 40분을 더 보냈다.

성인 인간의 정상 체온은 섭씨 37도다. 저체온증은 약 35도부터 시작된다. 안나가 병원에 도착했을 때 그의 체온은 13.7도였다. 체온이 그런 수준으로 떨어지면 아무도 살 수 없다.[1]

몇 가지 단순한 랜드마크가 이 놀라운 생존 스토리를 이해하는 데 필요한 모든 단서를 제공해준다. 성인의 정상 체온과 생명이 위험한 체온이 얼마인지 알 수 있고, 안나의 사고 시나리오가 정상 체온이라는 지도에서 얼마나 멀리 떨어져 있는지 이해할 수 있다. 섭씨에 익숙하지 않은 국가의 독자들도 안나의 체온이 화씨 56.6도까지 떨어졌다고 부가적으로 설명하지 않아도 적절한 정보를 얻고 이야기의 골자를 충분히 이해할 수 있다(참고로 안나는 살아남았으며, 그의 목숨을 구한 병원에서 방사선 전문의로 몇 년 동안 일했다. 그리고 그 뒤로도 계속 스키를 탔다).

여기 당신이 알아야 할 모든 정보를 알려주는 또 다른 모델이 있

4장 숫자를 미니어처로 만들어라

다. 평범한 의사와 의사소통에 능숙한 의사가 똑같은 정보를 각자 어떻게 전달하는지 그 차이를 살펴보자.

정상적인 혈소판 수치는 혈액 1마이크로리터당 15만~45만입니다. 한데 최근 혈액검사에서 환자분의 혈소판 수치는 4만이에요. 수치가 너무 낮습니다.

혈소판 수치는 보통 1,000 단위로 표시되는데, 정상 범위는 150에서 450 사이입니다. 수치가 50까지 내려가면 여행을 허용하지 않습니다. 10이면 자발 출혈의 위험이 있고요. 그런데 환자분의 수치는 지금 40입니다.[2]

아래칸 예시에 적용된 기법은 두 가지다. 첫째, 숫자의 규모를 단순화하고 축소하여 이해하기 쉽게 만들었다. 환자는 혈액 1마이크로리터에 함유된 혈소판의 수가 얼마나 되는지 정확히 알 필요가 없다. 그저 자신의 수치가 어떤 상태인지 알고 싶을 뿐이다.

둘째, 양방향으로 의미 있는 랜드마크가 제시되었다. 우리는 혈소판 수치가 정상 이하일 뿐만 아니라 수치가 너무 낮아 여행을 할 수도 없는 수준이라는 사실을 알게 되었다. 그리고 여기서 더 떨어진다면 추가적인 위험이 초래될 수 있다는 정보도 알게 됐다. 이 모든 정보는 상황이 심각하긴 해도 아직 의학적 개입의 여지가 있다는

길을 잃지 않도록 지도를 그려라

사실—첫 번째 사례에서는 명확하게 알 수 없는 것—에 주목하게
만든다.

시간 지도가
가장 좋은 지도다

앞에서 본 두 시나리오는 아주 간단해서 몇 개의 숫자만으로도 방향성을 잡을 수 있었다. 사람들은 몇 개의 관련 숫자는 기억해도 지도 전체를 잘 기억하지는 못한다.

하지만 이보다 더 큰 것을 이해하려 할 때는 어떨까? 예를 들어 인류의 역사를 아주 방대한 우주의 역사와 비교한다면?

우리는 이미 시간을 도해화하는 방법을 알고 있기 때문에 자연사를 이 척도에 맞춰 축소하면 많은 심오한 사실을 깨달을 수 있다.

현생 인류는 약 20만 년 전에 처음 등장했다. 역사적으로 이는 매우 최근에 발생한 일이다. 빅뱅은 약 138억 년 전에 일어났다.

우주의 역사를 24시간으로 축소한다고 가정해보자. 빅뱅은 정확히

0시에 발생했다. 그 뒤로 아주 오랫동안 아무 일도 일어나지 않았다. 12시간이 지나고, 16시간이 지났다. 그러다 오후 4시 10분경 먼지구름이 뭉쳐 태양이 탄생하고 주위에 행성이 형성되기 시작한다. 5분쯤 뒤에는 지구가 나타나 냉각되기 시작했다.

단세포 생물이 지구에 등장한 것은 오후 5시 30분경이다. 척추동물은 밤 11시 9분이 되어서야 발생했다. 공룡과 최초의 포유류는 11시 37분경에 등장했고, 티라노사우르스가 나타난 것은 11시 52분이다. 이제 하루는 8분밖에 남지 않았다. 하지만 1분 뒤 지구에 소행성이 충돌해 공룡이 멸종했다.

인류의 역사는 24시간 중 마지막 1초도 채 되지 않는다.[3]

인간은 시간을 직관적으로 이해하는 데 능하다. 물론 그 규모가 충분히 작을 때의 일이지만 말이다.● 지질학적 시간이라는 배경에 강력한 랜드마크를 아무리 많이 세우더라도 우리가 매일 같이 경험하는 시, 분, 초만큼 직관적이지는 못할 것이다.

이 지도는 인류의 존재가 얼마나 찰나이고 그만큼 소중한지 이해할 열쇠일 뿐만 아니라 다른 것들의 역사에 대한 온갖 정보를 담고 있다. 공룡과 다른 유기체, 행성, 태양계에 대해 많은 정보를 알려준다.

관심사에 따라 새로운 기준을 추가할 수도 있다. 달은 언제 탄생

● 일반적으로 하루에서 1년 사이의 시간이 가장 적절하다. 평소에 이런 시간 범위를 반복적으로 경험하고 그 간격이 얼마나 되는지 알고 있기 때문이다. 여기서는 하루 24시간을 활용했지만 칼 세이건Carl Sagan은 그 유명한 우주 달력Cosmic Calendar에서 우주의 역사를 1년에 빗대어 설명했다.

했을까? 지구가 생성되고 약 9분 뒤인 오후 4시 24분이다. 투구게는 언제 등장했는가? 티라노사우르스보다 훨씬 전인 밤 11시 24분이다. 애팔래치아산맥은 얼마나 오래됐을까? 형성된 지 50분이나 됐으니 투구게보다 나이가 많다. 히말라야산맥은 생긴 지 아직 5분 정도밖에 되지 않아 더 높고 뾰족하다. 전반적인 풍경을 그릴 수 있게 되면—이 경우에는 시간의 흐름이라고 해야겠지만—온갖 숫자를 활용할 수 있다.

다루기 쉬운
미니어처를 만들어라

미니어처 열차, 인형의 집, 레고 모두 압도적이고 위압적인 것과는 거리가 멀다. 기차 시간표, 집안일, 일정 관리는 사소하고 귀찮은 일이다. 그러나 세상 모든 것을 조그맣게 줄여 바닥에 흩어 놓는다면, 그래서 부모님이 지나가다 무심코 밟고 우스꽝스러운 소리를 낸다면 어떨지 생각해보라. 우리는 이런 것을 갖고 노는 것을 좋아한다.

단순히 재미만 있는 게 아니다. 잘 만들어진 축소 모델은 매우 유용하다. 항공기 설계는 너무나도 복잡해서 물리학 이론만으로는 그 작동 기제와 기능을 모두 예측할 수가 없다. 전문가들은 날개의 형태와 위치, 동체와의 미묘한 상호작용을 파악하기 위해 풍동 시험장에 작은 비행기 모형을 넣어 테스트를 거친다.

이 장에서는 새로운 통찰력을 얻고 복잡한 절충안을 고안할 수 있는, 복잡한 모델을 만드는 방법에 대해 알아볼 것이다.

다음은 다소 논란의 여지가 있는 정책 문제에 관한 상호작용 모델로, 더 거대한 것을 이해하기 위해 기존의 시간 지도(앞 장의 경우 24시간, 다음 예시에서는 1년)를 활용하고 있다. 이번 사례에서는 일반적인 주 5일 40시간 근무를 기준 척도로 삼았다.

2018년에 미국 정부는 저소득층의 식품 및 영양 지원(SNAP)에 680억 달러, 그리고 고등교육 지원에 1,490억 달러를 지출했다. 연방정부는 식비지원제도와 고등교육에 상당한 예산을 지출하고 있다.

1년 동안 매달 급여의 일부를 떼서 세금으로 납부하는 게 아니라 연간 세금을 선불로 미리 지불한다고 가정해보자. 말하자면 1월 1일부터 일을 시작하여 날마다 번 돈을 일단 전부 다 세금으로 내고, 세금을 다 납부하고 나면 그 뒤로 받은 돈은 전부 당신의 주머니로 들어가는 것이다.

1월이 시작되고 첫 2주 동안 번 돈은 전부 사회보장 연금을 지불하는 데 들어간다. 메디케어Medicare와 메디케이드Medicaid 세액을 납부하려면 그 뒤로 2주가 더 걸린다. 2월 1일부터 5일 동안 번 돈은 국가 부채 이자를 갚는 데 사용되고, 그 뒤로 1주일 반은 국방비에 보태진다. 다음 1주일 반 동안 번 돈은 대체로 정부 업무라고 알려진 것들, 즉 육류검사관, 비행관제사, CDC 생물학자, 연방판사, FBI 요원, 외교관 등을 위해 사용된다. 당신이 열심히 일한 1년 중에 약 6시간은 SNAP에, 12분은 국립공원에, 그리고 약 2시간은 NASA에 투자된다.[4]

이렇게 정부 예산을 달력으로 표시하면 각 부문의 목표를 서로 비교할 수 있을 뿐만 아니라 수치를 실질적으로 파악할 수 있다. 1,170억 달러나 1조 2,000억 달러가 얼마나 되는지는 가늠할 수 없어도, 2주가 아니라 8시간만 일한다는 게 어떤 느낌인지는 우리 모두 알기 때문이다.

또한 이는 거창한 설명을 개인적인 일로 만든다. 교육 예산 1,480억 달러는 얼핏 많은 돈처럼 보일지 몰라도, 만일 우리가 1년에 몇 시간 남에게 과외를 해줄 의향이 있다면 전문가들이 우리의 이웃 시민을 가르칠 수 있게 수입의 며칠분 정도는 지출할 수 있을 것이다. 내가 몇 시간 동안 번 소득을 무료 급식소에 보낼 수 있고 또 그 돈이 배고픈 아동에게 끼니를 제공하는 데 사용된다면, 1년 중 하루에 번 돈 정도는 기부할 수 있지 않을까? 반대로 대부분의 미국인은 사회 보장제도를 좋아하지만, 2주 내내 번 돈이 전부 거기 쓰인다고 생각하면 예산을 좀 줄여야 한다고 생각할지도 모른다.

어쩌면 당신도 지금쯤 이 축소 모델을 활용할 수 있는 여러 가지 주장을 떠올리고 있을지도 모른다. 특정한 비판이나 공격을 가하는 데 도움이 되겠다는 생각이 들 수도 있고, 몇몇 의견을 방어하기가 어려워지겠다는 우려가 들 수도 있다. 그건 좋은 일이다. 그건 대책이 없는 것처럼 보였던 중요한 문제들에 당신이 실제로 감정적으로 몰입하고 관여하고 있다는 의미이기 때문이다.

창의력이 뛰어난 사람이라면 모델의 기본 틀을 변형해보는 것도 가능할 것이다. 다른 세입원을 찾아보는 건 어떨까? 서로 다른 인구 집단에 대해 각각 다른 모델을 만든다면? 어쨌든 모든 사람이 동일한 과세분위에 있는 것은 아니며 어떤 사람들은 노동으로 돈을 벌지 않을 수도 있으니 말이다.

이런 건 버그가 아니라 추가 기능이다. 게임 디자인에서는 '유연성'과 '확장성'이라고도 부른다. 첫 번째 시나리오인 기본 모델을 단순화해 몇 가지 중요 역학을 탐구할 수도 있는데, 이 경우에는 예산의 우선순위를 균형 있게 맞추는 것일 테다. 정확한 이해를 위해 몇 가지 요소에 손을 대볼 수도 있다. 어쨌든 일단 기본 구조를 확실히 이해하고 나면 다양한 수정과 변형을 시도해 다른 요소를 탐구할 수 있다.

여러 수상 경력에 빛나는 보드게임 〈카탄의 개척자〉도 이런 특성을 갖추고 있다. 원래 이 게임은 플레이어가 자원을 획득해 마을을 성장시키고 도시로 바꾸는 것이지만 경험 많은 플레이어들을 위해 추가로 다양성을 제공하는 확장판이 있다. 하나는 해양 탐험 및 무역을 추가했고, 다른 하나는 야만족의 침공에 대비해 무역로를 방어해야 한다. 원래의 축소 모델만 견고하다면 새로운 요소를 계속해서 보탤 수 있다.

말이 나와서 말인데, 이 게임 축소판과도 같은 모델에 더할 수 있는 또 다른 효과가 있다. 바로 유연한 비유다.

앞서 설명한 첫 번째 시나리오는 상당히 직접적인 축소화를 이

다루기 쉬운 미니어처를 만들어라

용했다. 그렇다면 일터의 생산성에 관한 다음 연구는 어떻게 번역할 수 있을까?

다음 사례는 스티븐 코비Stephen Covey의 『성공하는 사람들의 8번째 습관』에서 발췌한 것이다.

설문조사 결과 사원들은 37%만이 조직이 무엇을 왜 달성하고자 하는지 명확히 알고 있다고 대답했다. 5명 중 1명만이 팀과 조직의 목표에 대해 열의를 갖고 있었다. 5명 중 1명만이 그들의 업무와 팀 및 조직의 목표가 '일치한다'고 대답했다. 15%만이 조직이 핵심 목표를 수행할 수 있을 만큼 충분한 지원을 하고 있다고 응답했고 오직 20%만이 자신이 일하는 조직을 전폭적으로 신뢰했다.

선수가 11명인 축구팀을 지도하는데, 그중 단 4명만이 어느 쪽 골대에 골을 넣어야 하는지 안다고 생각해보라. 11명 중 골을 넣는 데 관심이 있는 것은 2명뿐이다. 자신의 포지션과 역할을 알고 있는 선수도 2명뿐이고, 감독과 구단주를 전적으로 신뢰하는 선수도 2명뿐이다. 11명 중 단 2명만이 자신의 역할을 수행할 수 있을 만큼 충분한 지원을 받고 있다고 생각하며, 대부분의 선수는 아무 목적도 없이 필드를 어슬렁거리고 있을 뿐이다.[5]

참으로 어려운 일이다. 안 그런가? 우리는 이 조직이 무슨 일을 하는지도 모르고, 실제로 함부로 뭉뚱그려 축소할 수 없는 다양한 요인이 있을지도 모른다. 그러나 스티븐 코비는 훌륭한 비유를 이용해 효과적인 모델을 만들어냈다.

물론 사무실 환경과 축구가 완전히 똑같다고는 할 수 없다. 그러나 이러한 요인으로 인한 역학적 결과는 축구팀에도 똑같이 적용될 수 있다. 제대로 기능하지 못하는 축구팀을 상상하고, 그에 대한 감정을 느끼고 반응하기 위해 열렬한 팬이나 서포터가 될 필요까지는 없다. 잘못된 방향으로 달리고 헛발질을 하고 감독을 무시하고 역할을 수행할 훈련이나 지원이 부족하다고 불평하는 것은 전체적으로 엉망진창이란 소리다. 조직의 능력은 저하되고 따라서 제대로 기능할 수 없어진다. 축구팀에 비유하면 문제가 뭔지 이렇게 바로 알아차릴 수 있지만, 일터에서의 문제점은 보다 은밀하고 미묘해 놓치기가 쉽다.

이런 축소 모델을 적용할 수 있는 시스템에는 또 뭐가 있을까? 항공권 가격을 10달러로 축소하여 그중에서 직원(조종사, 승무원, 정비사, 행정 직원, 비행기 운행에 관련된 모든 사람)과 연료, 항공기의 구입 및 유지, 그리고 완벽한 몸매를 가진 사람들이 당신이 가는 곳보다 더 아름다운 곳에서 휴가를 보내는 짜증스러운 광고를 구매하는 데 각각 얼마나 지출되고 있는지 알아볼 수도 있다. 다른 시대로 넘어가 수렵·채집인의 하루, 또는 사자의 하루를 현대인의 하루와 대조해 각각 사냥과 수면, 세력 다툼이나 여가를 보내는 데 얼마나 많은 시간을 할애하는지 비교해보는 건 어떨까? 인디밴드의 수익 시스템을

다루기 쉬운 미니어처를 만들어라

모델화하여 투어와 광고, 음반 판매가 어떤 비율로 그들의 생계를 유지하고 있는지 알아볼 수도 있다.

축소 모델은 수치를 작게 줄여 복잡한 시스템 역학에 더 쉽게 접근하고 잘 이해할 수 있게 돕는다. 그렇게 우리는 대화를 시작할 수 있다. 중요한 숫자를 이해시킬 수 있다.

숫자에 약한 사람은 없다

우리는 두 가지 부류의 사람들을 위해 이 책을 썼다. 숫자에 **약한** 사람과 숫자가 **좋은** 사람이다. 그 말이 진짜든 아니든, 사람들은 스스로 이런 딱지를 붙이곤 한다.

하지만 우리는 그런 구분이 잘못됐다고 생각한다.

처음 이 책을 펼쳤을 때, 당신도 숫자에 약한 사람이라고 생각했을 것이다. 그러나 조금씩 읽어나가면서 경계가 모호해지는 걸 느꼈을 것이다. 가령 번역을 거쳐 더욱 명확해진 정보를 보고난 뒤 그전에 잘못 추측하거나 이해한 것들 때문에 당황하지는 않았는가? 어쩌면 당신은 우리 몸의 신경 전달속도가 매우 빠르거나, 국립예술기금위원회 예산이 막대하다거나, 로키산맥이 아주 높다고 생각했을 것이다(K2가 지금쯤 당신을 비웃고 있겠지).

이제까지 자신이 숫자와 안 맞는 사람이라고 여겼다면 사실 숫자와 잘 맞는 사람은 아무도 없다는 사실을 깨닫게 되었을 것이며, 몇 몇 번역을 접하고는 완전히 흥분했을지도 모른다. 어쩌면 가족들에게 책에서 읽은 번역에 대해 말해주었을 때, 숫자 얘기를 꺼낼 때마다 (대부분) 눈알을 굴리던 사람들이 참으로 오랜만에 흥미를 보였을지도 모른다. 특히 그들에게 벌새와 박수 치기 게임 이야기를 해주었다면 말이다.

일단 여기에 도달하고 나면, 즉 잘된 숫자 번역에 대해 이야기하고 나면, 숫자를 이해하는 것이 전보다 훨씬 쉽게 느껴진다. 미터법에 익숙하지 않은 사람들도 포도알만 한 종양이 얼마나 큰지 알 수 있다. 3센티미터를 인간적 규모로 표현했을 뿐인데 말이다. 천문학적 단위에 익숙하지 않은 이들도 우리 태양계가 25센트 동전 크기라고 치면 가장 가까운 태양계까지(역시 25센트 크기인) 축구장 하나를 가로질러야 한다는 것을 이해할 수 있다.

우리는 초등학교 6학년 학생들이 100만 초와 10억 초의 차이를 깨닫고 흥분한 것을 보았다. 100만 초는 12일 후로, 오랜만에 피자가 급식으로 나오는 날이다. 10억 초는 상상도 되지 않는 먼 훗날인 약 32년 뒤다(지금 11살 꼬마들은 그때가 되면 45세가 된다!). 32년이라고 하면 고등학교와 대학을 졸업하고, 첫 직장을 거쳐, 자녀들을 학교에 보내고, 언젠가 심장마비로 세상을 등질지도 모르는 멀고도 지루한 세월인 것이다.

숫자는 본질적으로 우리의 경험과 이질적이기 때문에 내심 잘 이해하고 있다고 생각할 때조차도 실은 그렇지 않을 수 있다. 첨단기술 벤처 투자자들은 기술과 금융의 교차점에서 일하고 있기 때문에 숫자에 능통하고 복잡한 계산에도 일가견이 있다. 자기들만의 전문 용어도 사용한다. 그러니 그들이 숫자에 아주 뛰어날 거라고 생각할 것이다.

그러나 2002년 그들은 스타트업 투자를 지속하면 10년 안에 1조 달러의 시장가치를 창출할 수 있을 것이라 섣불리 예상했다.《포천》의 기자가 그게 "2010년까지 10일마다 이베이를 상장"해야 한다는 의미임을 지적할 때까지 말이다. 깨달음이 그들을 강타했다. "그런 건 불가능하잖아."

벤처 투자가들이 이용 가능한 정보가 없었다거나 숫자를 잘 모른다거나 투자에 큰 신경을 쓰지 않아서 그런 것이 아니다. 그저 그들이 인간이었기 때문이다. 인간은 원래 희망찬 미래를 꿈꾸고, 크고 복잡한 숫자가 연관되면 쉽게 길을 잃는다. 숫자를 바르게 번역하기 위해 천재가 되거나 혁신적인 돌파구를 마련할 필요는 없다. 올바른 방식으로 올바른 질문을 던지기만 하면 된다.

사회심리학자 대럴 허프Darrell Huff가 1954년에 출간한 『새빨간 거짓말, 통계』가 보여주듯이 복잡한 숫자는 복잡한 언어와 마찬가지로 진실을 왜곡할 수 있다.[1] 이 책은 통계적 왜곡을 간파할 수 있는 방법들로 가득하다. 그렇다고 거짓을 발각하기 위해 항상 눈에 불을 켜고 세상 모든 것을 의심할 필요는 없다. 모두가 진실을 말하고 있다고 가정하면 안 되는 것처럼 모두가 거짓을 말하고 있다고 가정하는 것도 옳지 않다.

그보다 더 유익한 것은 진실을 이끌어내는 능력이다. 진실이야말로 거짓을 간파하는 한편 비로소 서로 진정한 대화를 시작하게 해주기 때문이다. 크리스피 도넛, 도시 인구, 질병 사망률 등 숫자를 현실적으로 느끼게 만들 수 있는 연습을 한다면 주어진 모든 것을 맹목적으로 신뢰하거나 불신할 필요가 없다. 직접 구분할 수 있을 테니 말이다.

좋은 숫자 번역은 공통적인 토대를 구축할 수 있다. 1억 4,800만 달러에 달하는 국립예술기금위원회 예산에 대해 열띤 토론을 벌일 수도 있지만, 번역을 이용해 실은 우리 각자가 1년에 25센트를 내는 것에 불과하다는 사실을 알려주면 더 합리적인 논쟁을 이끌어낼 수 있다. 주요 국가 예산에 들어가는 세금을 위해 몇 주 동안 일해야 하는지 계산해보면 실제로 어떤 부문에 지나친 비용이 지출되고 있으며, 예산을 삭감하거나 더 투자할 가치가 있는 부문은 무엇인지 냉정하게 파악할 수 있다.

인생 최고의 순간들이 황홀하게 느껴진 이유는 경이로움을 맛볼 기회를 줬기 때문이다.

잘 번역된 숫자는 우리의 호기심에 대답을 제공해주거나 우리의 호기심을 새로 자극하기도 한다. "벌새가 되는 건 어떤 기분일까?" "인간의 50배에 달하는 신진대사 속도"는 아무런 감흥도 주지 못한다. 그러나 "60초마다 콜라 1캔을 마셔야 한다"는 많은 정보를 알려주며 나아가 다른 생물종과의 차이점에 대해 궁금하게 한다.

숫자에 관한 책을 쓰기 시작했을 때 우리가 미처 예상하지 못한 게 있다면, 이 책에 담은 숫자들을 조사하는 과정에서 흔히 종교 및 대자연과 관련해 자주 언급되지만 실제로는 그리 자주 경험하지 못한 감정을 매우 자주 느꼈다는 것이다.

바로 '경외감'이다.

이 책에 실린 숫자에 우리는 경악했다. 컵과 각얼음은 지구의 대부분이 물로 덮여 있음에도 마실 물은 부족하다는 충격적인 사실을 깨닫게 해주었다. 그리고 인공위성보다 뛰어난 자연의 GPS를 탑재한 사막개미의 길찾기 능력에서 경외감을 느꼈다. 대자연의 이 놀라운 능력이란! 1초에 박수 4번을 치는 것 역시 놀라웠다. 우리는 운동선수들의 비범한 순발력에 감탄했다. 아파트 100세대를 100명에게 분배하는 문제를 통해 우리 사회의 불평등을 순식간에 인식하게 되었고, 축구장과 25센트 동전의 비유에서 우주의 광활함에 대해 경외감을 느꼈다.

이런 경외감을 한번 느끼고 나면 다시는 예전처럼 생각할 수가 없다. 경외감은 우리의 우선순위를 수정하게 만들고, 내적으로 더욱 겸허하고 중요한 것에 집중하게 만들며, 사소한 문제들은 잠시 잊게 만든다. 그리고 일상으로 돌아간 뒤에도 정말로 집중할 가치가 있는 것을 선택하고 우리 자신보다 더 거대한 무언가의 일부가 되고자 노력하게 한다.

우리가 숫자형 인간이 아닌 것은 애초에 그렇게 설계되지 않았기 때문이다. 인간이라면 누구나 그렇다. 우리가 5보다 더 큰 숫자를 곧바로 이해하지 못하는 것은 아주 자연스러운 일이며 복잡한 숫자를 암산하지 못하는 것도 자연스러운 일이다.

그러나 우리가 숫자형 인간인 이유는 그 숫자들에 담겨 있는 의미에 열광하기 때문이다. 우리가 하고 싶은 일, 상상하고 계획하는 모든 일에는 숫자가 내재되어 있으며 이 모든 숫자는 직관적으로 이해하고 실감할 수 있는 방식으로 번역할 수 있다.

힘겨운 시합을 앞두고 축구팀을 훈련시키는 코치, 물 절약의 중요성을 홍보하는 환경운동가, 공장 직원부터 부사장에 이르기까지 모든 구성원에 공급망 문제 해결을 촉구하는 중간관리자, 하루 한 번만 노력하면 대하소설을 끝까지 읽을 수 있다고 어린 학생들을 설득하는 교사…… 숫자는 어디에나 있다. 어려운 숫자를 번역해 모두가 이해하고 이입할 수 있게 하면 인생에서 더 큰 성공을 거둘 수 있을 것이다.

숫자를 더 자주, 그리고 더욱 현명하게 활용하면 세상은 더 나은 곳이 될 것이다. 기존의 관행처럼 통계 수치를 더 많이 짜내라는 얘기가 아니다. 사실 숫자는 더 적게 사용할수록 오히려 더 중요한 영향을 끼칠 수 있다. 숫자는 단순한 배경지식이나 장식이 아닌, 심오한 이야기와 함께 전달해야 하는 핵심 정보다. 우리는 진심으로 숫자를 믿는다. 사람들에게 중요한 숫자를 이해시킬 수 있으리라고 진심으로 믿는다.

숫자 스티커 메시지를 위한 번역 원칙 3

사용자 친화적인 숫자의 핵심은 바로 작은 정수에 있다.

숫자로 소통하는 데 있어 반드시 실패하는 공식의 첫 번째 주범은 분수다. 숫자는 단순할수록 좋다. 하지만 분수를 해석하려면 수학을 사용하고 계산을 해야 한다.

분수를 사용해야 한다면 반드시 5 미만의 숫자를 사용해야 한다. 그 이상을 넘어가면 너무 복잡해지기 때문이다. 그래서 사람들이 분수를 되도록 소수로 변환하는 것이다.

하지만 소수는 두 번째 실패 공식이다. 숫자는 실제적이어야 한다. 우리의 뇌는 분수나 온전하지 않은 일부분을 부자연스럽고 비현실적인 것으로 인식하기 때문이다. 타율이나 달러의 센트가 아닌 한 소수는 되도록 사용하지 않는 게 좋다(센트 단위를 쓸 때도 반올림을 하는 게 좋다).

설문조사 응답이나 일주일 간 비가 올 확률, 다양한 제품의 판매

예상치처럼 비교할 숫자가 많을 때는 백분율이 유리하다.

그러나 **퍼센트로 표시되는 백분율도 충분히 실제적이지 못하다.** 사람들은 정수를 사용할 때보다 백분율을 사용해 추론할 때 더 자주 실수를 한다. 백분율의 정밀한 비교를 유지하되 관념적이라는 한계를 피하고 싶다면 '100명이 사는 마을' 전략을 시도해보라.

즉 샘플링 대상 100개를 넣을 수 있는 '바구니'를 만들어 백분율을 정수로 변환하는 것이다. 그러면 정보를 잃지 않고 분모를 제거할 수 있다.

정수는 의미 있고 강력하며, 적절히 반올림하면 인간의 두뇌가 가장 쉽게 처리할 수 있는 숫자다. 사회적으로 학습된 강력한 문화적 도구를 빌려오지 않는 한 항상 단순하고 깔끔한 정수를 사용하자.

다만 한 가지 예외가 있다. 우리는 시간이 지남에 따라 주변의 문화를 습득하고, 나아가 이러한 원칙을 능가할 수 있는 도구를 활용할 수 있게 된다. 가능하다면 늘 청중에게 익숙하고 적절한 측정 체계를 사용해라. 야구 팬은 타율을 사랑하므로 그들의 투박한 소수점 아래 세 자릿수 표현을 빼앗지 마라. 마찬가지로 제빵사에게서 계량컵 3분의 1이나 4분의 1, 8분의 1로 표현되는 계량스푼을 빼앗는 것도 추천하지 않는다.

원칙 1 열심히 반올림하라

사람들은 항상 바쁘고 생각할 거리도 많다. 그들은 큰 그림을 보고 상황과 맥락을 이해할 수 있는 숫자를 원한다. 번거로운 일을 하는 건 질색이다.

청중에게 친화적이지 않은 숫자를 제시하는 것은 그들에게 번거로운 일을 시키는 것이나 마찬가지다. 아무리 간단한 계산도 그들의 시간과 에너지, 인내심을 잡아먹는다. 조지 A. 밀러는 우리의 작업 기억 공간에 7개의 자리(더하기 빼기 2)가 있다고 주장했다. 프레젠테이션 슬라이드에 복잡한 숫자가 하나만 있어도, 가령 '85.37달러에 24%의 부가가치세'만 있어도 뇌의 처리 용량 전체를 잡아먹을 수 있다.

그래서 숫자를 이해하려는 모든 노력과 순간이 도리어 큰 그림을 이해하기 어렵게 만든다. 88만 320리터, 48% 적은 페이지, 287.9킬로미터 등 복잡한 숫자들은 우리에게 불필요하고 복잡한 정신적 작업을 시키기 때문에 명확하게 이해하기가 어렵다. 100만 리터, 50% 적은 페이지, 300킬로미터 등 숫자를 단순하게 반올림하면 더 큰 그림을 보는 여유 공간을 제공할 수 있다.

숫자 스티커 메시지를 위한 번역 원칙 3

어렵고, 이해하는 데 오래 걸리며, 복잡하고, 사용자 적대적인 숫자	단순하고, 이해하기 쉽고, 빠른, 반올림한 숫자
0.34165	10점 만점에 3점을 조금 넘는
2/49	25개 중 약 1개
80 하고도 7년 전●	80 하고도 7년 전●●
483 × 9.79	500 × 10
베이비붐 세대의 64%가 비틀즈가 역사상 최고의 록 그룹이라고 응답했다.	베이비붐 세대의 3명 중 2명이 비틀즈가 역대 최고의 록 그룹이라고 응답했다.
87.387km	90km 미만
4,753,639,000,000	거의 5조

● 똑똑한 걸 가지고 괜히 트집 잡지 말 것, '타의 추종을 불허'할 만큼 비범해지면 규칙 따위는 무시해도 된다.

●● 당대의 언어를 이해한다면, 링컨은 그저 청중의 이해를 돕기 위해 구체적이고 실질적으로 표현한 것뿐이다. 『킹제임스판 표준성경』 시편 90편 10절에서는 인간의 수명을 60하고도 10년으로 기술하고 있다. 링컨은 청중에게 미국이 이미 건국의 아버지들보다 더 오래되었으며, 그들의 수명을 넘어섰음을 교묘하게 상기시킨 것이다.(이 표현의 원문은 "four score and seven years"다. 여기서 score는 20을 뜻한다. 즉 링컨은 '87년 전'을 더 극적으로 표현하기 위해 당시 20을 묶어 사용하던 score를 활용한 것이다.—옮긴이)
제퍼디(대답을 제시하면 질문을 알아맞히는 형식의 미국의 유명 퀴즈쇼—옮긴이) 팬들을 위한 짧은 설명. "답은 다음과 같습니다. 시편 90편은 이 지도자의 노래로, 이 인물은 또한 5권으로 구성된 시편에서 중요한 비중을 차지하고 있습니다." 질문: "모세는 누구입니까?"

원칙 2 실제적일수록 좋다

정수를 사용하되, 너무 큰 숫자는 피해라. 숫자는 작을수록 좋다. 가능한 한 분수나 소수가 아닌 실제로 셀 수 있는 단위를 사용하라. 가장 바람직한 숫자는 1~5다. 한 손으로 셀 수 있고 단번에 '분간'할 수 있기 때문이다. 어쨌든 양손의 손가락으로 셀 수 있는 숫자라면 좋다.

분수는 복잡해서 일상성에서 벗어나 있기 때문에 대개 안 좋은 선택이다. 파이의 19분의 6 조각을 드릴까요? (우린 37분의 19 조각을 더 추천한답니다!) 분수를 소수로 변환하면 일부 수학적 요소가 제거되지만 ─ 더는 이상한 분모 걱정을 할 필요가 없다 ─ 여전히 직관적이지는 않다. "파이의 0.316을 드릴까요?"처럼 말이다.

부화장에서 생산된 달걀의 8.33%가 상했다고 하면 추상적으로 느껴진다. 반면에 달걀 12개들이 상자에서 하나가 상했다고 하면 어떨까? 이쪽은 실제적이고 더 구체적으로 느껴진다. 하지만 상한 달걀이 12개까지 증가하면(114개 중에서) 숫자가 너무 커져 다시 헷갈리기 시작한다. 임의적인 거대한 숫자 ─ 가령 3만 7,176개의 달걀 중에서 3,098개 ─ 에 이르면 거의 의미가 없어진다.

정수를 사용할 수 없다면 차라리 백분율이 낫다. 32%가 0.32보다 훨씬 낫다. 적어도 부분이 아니라 전체처럼 '보이고', 소수와 달리 구어체이기 때문이다. 보통 "50퍼센트 확률"이라고 말하지 "0.5 확률"이라고 말하지는 않으니 말이다.

숫자 스티커 메시지를 위한 번역 원칙 3

즉 간단히 정리하자면, '3분의 1'보다는 '셋 중 하나'라는 일상어를 사용해라. 소수점 대신 백분율을 사용해라. 0.33보다는 33%가 낫다. 또 복잡한 분수보다 백분율이 낫다. 17분의 7보다는 41%가 친숙하다.

소수, 백분율 및 분수를 너무 많이 사용한 경우	더 정확하고 구체적인 정수 및 수량을 사용한 경우
50% 가격으로 2배 더 주시면 안 되나요?	절반 가격으로 2배를 주세요.
쿠키의 50%를 주세요.	쿠키 3개 주세요.
600% 증가	7배 증가
학생의 33분의 1, 학생의 3%	교실에 있는 학생 중 약 2명
0.001%	1만 명 중 1명
피자의 12.5%, 8분의 1 피자	피자 한 조각만 줘!
여성의 12.5%는 유방암에 걸린다.	여성 8명 중 1명은 유방암에 걸린다.
티켓 판매 95% 감소	예전에 티켓 100장이 팔렸다면 지금은 5장만 팔리고 있습니다.

원칙 3 전문 지식을 존중한다

듣는 사람들의 언어로 말한다. 청중이 특정한 종류의 숫자에 익숙하다면 그것을 사용하라. 숫자를 번역하는 일차적 목적은 사람들에게 이해시키기 위해서다. 우리는 보통 성공 확률을 소수점 아래 세 자릿수로 표현하지 않지만 야구 팬들은 '30% 적중률'이나 '타석 10번 중 3번은 안타'보다 '타율 0.300'이라고 해야 더 잘 이해할 것이다.

그러므로 청중이 이미 알고 있는 것을 제시하고, 그들에게 가장 익숙한 형태를 사용해라. 지수는 일상생활에서 자주 쓰이지도 않고 통계를 묘사할 때 사용되어서도 안 된다. 그러나 10의 거듭제곱을 일상적으로 사용하는 과학자의 경우, 지수 표기는 숫자를 더 쉽고 단순하게 만들어 오히려 유용하다. 쇼핑객은 할인 판매에 사용되는 %를 이해하고, 야구 팬은 타율을, 그리고 여론조사 업체는 퍼센트포인트에 익숙하다. 전문가들에게는 그들에게 익숙하고 이해하기 쉬운 형식으로 말하라.

평범한 일반인	전문 지식을 가진 사람
4번 중 1번	야구 관중에게 0.253
2분	경마 관객에게 2:03.98
거의 5분의 1 확률	경마 내기꾼에게 3대 13의 승률

10센티미터	건설업자에게 2와 7/8인치
이 셔츠가 더 싸다	쇼핑객에게 35% 할인
작은 지진	로스앤젤레스 거주자에게 3.3리히터
평균 면적의 뉴욕 아파트	부동산 중개인(또는 이사를 자주 다니는 뉴요커)에게 72제곱미터
1조	과학 전공자에게 1×10^{12}

주

본 주석은 본문에 제시된 정보의 출처 및 연구 자료에 대한 자세한 정보를 제공한다. 이보다 더 상세한 출처 및 수치 계산과 관련된 내용은 다음의 웹 페이지를 참조하라. heathbrothers.com/mnc/webnotes

들어가며

1 즉시세기Subitizing 란 '즉각적인' 또는 '갑작스러운'을 의미하는 라틴어 subtibus에서 유래한 표현으로, 최대 3, 4(https://bit.ly/3dmWH2H), 많게는 5까지 이르는 소량의 수를 '빠르고 명확하게' 인식하는 능력을 설명할 때 사용하는 용어다. 이런 능력을 지닌 건 인간만이 아니다. 영장류(https://bit.ly/3e5OL5m)부터 벌과 오징어(https://bit.ly/3doWMDf)까지 다른 종에서도 유사한 능력이 관찰된다.

2 문화적으로 물질적 소유라는 개념이 충분히 복잡한 수준에 도달할 때까지는 5 이상의 숫자가 발명되지 않았다는 증거가 있다. 셀 것이 없으면 거

기에 대해 생각할 필요조차 없기 때문이다. 예를 들어 카렌레이 A. 오버만 Karenleigh A. Overmann은 인류학자들이 숫자 체계를 기록한 33개 현대 수렵·채집 사회의 표본을 연구했는데, 사물이 많지 않은 문화(단순한 수렵 채집 사회) 7개 중 5 이상의 숫자를 가진 곳은 0개에 불과했으나 보다 복잡한 문화 26개의 경우에는 17곳이 1~2개의 기수基數(현대 문화가 채택해 사용 중인 10진법 외에도 다양한 문화권에서 5진법 및 20진법을 사용한다. 인간에겐 양손에 각각 5개의 손가락이 있고, 손가락과 발가락을 모두 합치면 20개다)를 포함해 정교한 숫자 체계를 갖고 있었다. 또한 물질문화가 강한 곳에서는 계산을 보조하는 물리 도구(예: 금을 새긴 막대기나 구슬)를 사용하는 경향이 있다(Overmann, 2013, p. 28). "포모족은 다양한 크기의 끈으로 꿴 구슬과 셈 막대tally stick을 사용했다. 작은 막대기는 구슬 80개에 해당했고 셈 막대 5개는 '큰 막대기 또는 구슬 400개'에 해당했다."(p.25) 인류 역사의 대부분이 단순한 수렵·채집 사회였기 때문에 숫자 체계 역시 대부분의 시간 동안 단순했다고 가정하는 것이 적절할 것이다. Karenleigh A. Overmann(2013), "Material Ccaffolds in Numbers and Time" Cambridge Archaeological Journal, 23:1, 19-39.

3 (그렇다. 우린 심지어 농담에도 각주를 추가했다.) 우스꽝스러운 꽁트처럼 보여도 실은 아주 심각한 딜레마에 바탕을 둔 이야기다. 인류학계에서는 숫자가 없는 사회가 다른 사회에 비해 불리했다고 지적한다("아이누인과 코랴크인 모두 불리한 계량 기술을 지니고 있었기 때문에 교역 과정에서 사기를 당했다", Overmann, p. 28). 또한 그들은 혹독한 자연환경 때문에 더욱 불리했다. 한

인류학자는 이들이 불안정한 기후 때문에 긴 겨울 동안 굶지 않고 살아

남기 위해 유독 식량과 종자를 세는 수 체계를 발명해야 했다고 주장했다

(Divale, 1999, Overmann 인용, p. 25). 오버만은 알레우트족이 2월을 "마지막

저장 식량last stored food" 달, 3월을 "굶주림을 앞둔foregoing hunger" 달(즉 "굶

주림에 굴복한giving up hunger" 달)로 지칭한다는 사실을 발견한 현지 인류학

조사자의 기록을 인용한다. 2월과 3월에 식량이 떨어지면 알레우트족은

가죽이나 끈 같은 "상대적으로 먹을 수 없는 것"을 씹었다.

4 수를 셀 수 있다는 것만으로도 사회적으로 엄청난 이점을 얻을 수 있다.

덧셈이나 뺄셈까지 갈 필요도 없이 보관 중인 종자의 수나 이동에 걸리는

날짜를 아는 것만으로 충분하다. 수를 셀 때 더 큰 수를 만드는 규칙을 널

리 전파하려면 그 기반을 이룰 언어가 필요하다(예를 들어, 한국어 숫자는 영

어보다 더 쉽다. 한국어에서 37은 '삼십칠'이지만, 영어 사용자는 3과 7이라는 간단한

숫자 대신 'thirty'라는 새로운 단어를 배워야 한다). 하지만 이런 수 체계는 초기

에 발생한 거대한 혁신이었다. 수 체계에 비하면 미적분과 기하학은 사소

하다고도 할 수 있을 정도다.

정수에 대한 선호는 일차적으로 손가락으로 계산하는 인간의 성향과 관

계가 있는지도 모른다. 인간이 수를 세는 데 가장 먼저 사용한 도구는 필

연적으로 신체, 특히 손가락이 될 수밖에 없다(따라서 숫자 체계도 5진법이나

10진법이 많으며, 가끔 알뜰살뜰한 문화권에서는 20진법을 사용한다. 인간의 손가락과

발가락을 모두 합치면 20개다). 인류학자들은 손가락으로 수를 세는 행동이 문

화적으로 "널리 퍼져" 있다고(문화의 다양성을 찬미하는 인류학자들이 평소에는

결코 쉽게 인정하지 않는 일이다) 지적한다. 손가락과 손의 움직임을 통제하는 뇌 영역은 기본적인 숫자 능력을 다루는 영역과 동일하다(Overmann, 2013, pp. 21-22). 숫자를 배울 때 손가락을 움직이면 이해하는 데 도움이 되며, 수를 세는 동시에 그것과 무관한 손동작을 해야 할 경우에는 수를 세는 데 어려움을 겪는다.

5 100만 달러에 당첨된 경우: 1,000,000달러÷하루 50,000달러 = 20일

10억 달러에 당첨된 경우: 1,000,000,000달러÷하루 50,000달러

$$= 20,000일$$

$$20,000일÷1년 365일 = 54.8년$$

6 1955년에 처음 출간된 세계적으로 유명한 이 기록 모음집은 원래 술집에서 벌어지는 내기를 해결하는 데 도움을 주기 위해 만들어졌다. https://bit.ly/3diqcmq

7 모건 스펄록Morgan Spurlock은 다큐멘터리 〈슈퍼 사이즈 미Super Size Me〉에서 맥도널드의 광고 예산(전 세계적으로 14억 달러)과 과일 및 채소 섭취를 홍보하는 USDA 프로그램 예산(200만 달러) 사이에 엄청난 격차가 있음을 보여준다. 맥도널드의 홍보 비용 14억 달러 가운데 미국에서 지출되는 금액은 얼마일까? 매장의 약 40%가 미국에 있지만 미국의 광고 시장이 다른 국가보다 더 거대하므로 총 광고 지출의 절반(7억 달러)이 미국에 쓰인다고 가정해보자. 이는 USDA가 과일 및 채소 섭취를 권장하는 파이브어데이 메시지에 1달러를 지출할 때마다 맥도널드는 350달러를 지출한다는 의미다.

이 수치를 오늘날 다시 들여다보면 맥도널드가 광고 예산을 3억 6,600만 달러로 줄인 반면(https://bit.ly/3sqxaKk), USDA는 여전히 200만 달러 상당을 지출하고 있음을(USDA 예산 담당관의 확인에 따르면) 알고 기분이 좀 나아질지도 모른다. 계산해보면 183:1의 비율이다. 다시 말해 맥도널드가 이제는 매일이 아니라 격일로 광고를 보내고 있다는 의미다(USDA는 1년에 1번). 어쨌든 진전이 있긴 한 것 같다!

8 심리학자 폴 슬로빅의 연구에 따르면 숫자가 증가할수록 그에 대한 감정적 반응은 감소한다. 예를 들어 한 사람의 비참한 고통에 대해서는 깊은 슬픔을 느끼지만 수천 명의 고통은 추상적으로 느껴지기 때문에 공감 능력이 떨어지는 것이다. 현실을 냉정히 지적하자면, 공감 감소는 1명을 지나 2명에 대해 생각할 때부터 시작된다. Paul Slovic and Daniel Västfjäll(2013): "The More Who Die, The Less We Care: Psychic Numbing and Genocide," *Behavioural Public Policy*, ed. Adam Oliver(Cambridge: Cambridge University Press). https://bit.ly/3mRCMMH

9 지식의 저주는 심리학과 경제학 분야에서 연구되었다. 해당 현상에 대한 논의는 Chip Heath & Dan Heath(2007), *Made to Stick: Why Some Ideas Survive and Others Die*(New York: Random House), pp. 19−21을 참고하라(우리나라에는 《스틱!: 1초 만에 착 달라붙는 메시지, 그 안에 숨은 6가지 법칙》으로 번역 출간되었다—옮긴이). 우리가 해답에 도달하는 데 도움이 되는 바로 그 기술이 다른 사람과 답을 공유하는 데 방해가 된다. 이 현상에 대한 최초의 규정과 명명은 다음을 보라. Colin Camerer, George Loewenstein &

Martin Weber(1989), "The Curse of Knowledge in Economic Settings: An Experimental Analysis," *Journal of Political Economy* 97:5, pp. 1232—54.

1장 | 모든 숫자를 번역하라

모든 숫자는 번역할 수 있다

1 스티커처럼 찰싹 달라붙는 아이디어의 대가 앤디 크레이그Andy Craid와 데이브 유먼Dave Yewman에게, 그들이 지도하는 프레젠테이션 발표자들과 함께한 이 연습 활동에 대해 말해주어 감사하다는 말을 전한다.

2 제이크 호프먼과 댄 골드스타인은 연구를 통해 맥락에 기대 추가 설명을 하면 기억의 오류 범위가 절반으로 줄어든다는 사실을 발견했다. Christopher Riederer, Jake M. Hofman, and Daniel G. Goldstein (2018), "To Put That in Perspective: Generating Analogies That Make Numbers Easier to Understand," *Proceedings of the 2018 CHI Conference on Human Factors in Computing Systems.* https://bit.ly/32j0Pum의 그림 5를 참고하라.

시각엔진 개발팀은 간단한 맥락을 제공하면 사람들이 "읽은 수치를 기억하고, 읽지 않은 수치를 추정하고, 조작된 수치의 오류를 감지하는" 능력이 크게 향상된다는 사실을 발견했다. 일부 실험 대상의 경우 정보 기억 능력이 15%까지 증가했다(그리 큰 숫자가 아닌 듯 보여도 이 정도면 고등학교나 대학 수업에서 학점을 한 단계 끌어올릴 수 있다). Pablo J. Barrio, Daniel Goldstein, and Jake Hofman(2016), "Improving Comprehension of Numbers in the News," *Proceedings of the 2016 CHI Conference on Human Factors in Computing Systems.* https://bit.ly/3x1Yn9R

3 파키스탄의 면적: 88만 1,913제곱킬로미터(https://bit.ly/3nauAqX)
캘리포니아의 면적: 42만 3,970제곱킬로미터(https://bit.ly/3ajyqc1)
423,970×2＝847,940

숫자를 피하라

4 《내셔널 지오그래픽 National Geographic》에 따르면 전 세계 담수 중 생물이 접근 및 사용할 수 있는 양은 0.025%다(https://on.natgeo.com/32Qfttv). 지구 상 모든 물을 4리터 물병으로 변환하면 담수의 총 부피(빙하 포함)는 그중 약 2.5% 즉 94밀리리터에 불과하다. 집에서 얼린 각얼음은 약 30밀리리터(개인 요리 실험 노트에 따르면)이며, 따라서 담수의 총 부피는 각얼음 3개에 해당한다. 그러나 지구상 담수 중 얼음의 형태가 아닌, 실제 접근 가능한 물은 1밀리리터 미만이며 이는 각얼음이 녹은 물 여섯 방울이다. 캘리포니아 국토개발국에서 더 큰 단위의 모형을 볼 수 있지만(https://on.doi.gov/35Xij1u), 작은 크기의 모형이 시각적으로 더 효과적이다.

5 브리태니커 백과사전(https://bit.ly/2Q2Ktnn)에 따르면 22킬로미터 높이의 올림푸스몬스는 지구상 어떤 산봉우리보다 2배 이상 높다. 상업용 여객기의 안전한 순항 고도는 약 9.5~11.5킬로미터(https://bit.ly/3xgVYs3)지만, 몬

스는 22킬로미터를 넘는다. 그런 고도라면 산소가 충분하지 않기 때문에 엔진이 제대로 연소하지 못해 비극적인 결말을 맞게 될 것이다. 직경이 약 700킬로미터에 달하는 올림푸스몬스는 애리조나(https://bit.ly/32n5kEh)보다 약간 더 넓으며, 시속 885킬로미터로 순항하는 747 제트기는 올림푸스몬스를 가로질러 비행하는 데 45분이 넘게 걸리고 정상을 넘어가려면 그보다 훨씬 더 걸린다. 일반적인 스키 선수(https://bit.ly/3alEkJP)가 이 화산의 꼭대기에서 기슭까지 내려가는 데는 얼마나 걸릴까? 함정: 스키 선수는 중간 지점에 도달하기도 훨씬 전에 산소 부족으로 사망할 것이다.

6 2018년 《뉴욕타임스》는 《포천》 선정 500대 기업의 여성 CEO가 제임스라는 이름을 가진 CEO보다 더 적다고 보고했다(https://nyti.ms/3tuyL37). 2021년 현재는 적어도 제임스보다 여성이 더 많다(https://cnn.it/32olxsU). 그러나 이를 만회하기 위해 CEO 중에서 가장 흔한 이름 남성 이름 3개를 합친다고 해도 이 번역은 여전히 충격적이다. 이를테면 "여성 CEO보다 '로버트', '스콧', '제임스'라는 이름을 가진 CEO가 더 많다"처럼 말이다. 제임스는 인구의 1.682%지만 여성은 50%나 된다는 사실을 감안하면(https://bit.ly/3uSPQE4) 문제는 더욱 명백해진다. 어쩌면 딸들에게 제임스라는 이름을 붙여줘야 할지도 모르겠다.

7 데바 페이저Devah Pager는 아주 훌륭하게 설계된 연구를 통해(https://bit.ly/3svUiqS) 범죄 기록이 모든 구직자의 합격률에 영향을 미치지만 전과 기록이 없는 흑인 지원자보다 중범죄 판결을 받은 백인 지원자가 채용될 가능성이 더 높다는 사실을 밝혔다.

8 르브론의 통산 3만 5,000득점(https://bit.ly/3x2D4EV)은 분명 인상적인 기록이지만 이 득점을 총 1,300게임으로 나눠보면 그의 엄청난 실력을 더 실감할 수 있다. 그는 18년 동안 경기당 평균 27득점을 유지했는데,(https://bit.ly/3x2CA1z), 가히 충격적인 기록이다.

9 스몰암스서베이Small Arms Survey에 따르면(https://bit.ly/3uVBBP2) 미국 전역의 민간 무기는 약 4억 정에 달하며, 이는 미국 인구인 3억 3,000만 명에서 7,000만이나 능가하는 수치다. 실제로 미국인은 세계 인구의 4%에 불과하지만 전 세계 민간 총기의 약 46%를 소유하고 있다(https://wapo.st/3gjpIhG). 남은 7,000만 정의 무기를 134만 6,000명의 현역 군인에게 한 정씩 지급하면(https://bit.ly/2Qy8xOC) 모든 육군, 해군, 공군, 나아가 군 회계사들까지도 1인당 52정의 총기를 가질 수 있다.

10 무함마드 유누스는 이러한 경험을 바탕으로 1976년에 그라민은행 Grameen Bank를 설립하여 빈곤층 사람들에게 전략적으로 자금을 대출해주었다. 그는 2006년에 노벨 평화상을 받았다(https://bit.ly/2RA4oKw). 이 일화는 Muhammad Yunus(1999), *Banker to the Poor: Micro-Lending and the Battle Against World Poverty*(New York: Perseus Books)에 수록되어 있다.

11 미국 회계감사원에 따르면, 미국의 국가 부채는 2020년 9월 27조 달러까지 증가했다(https://bit.ly/3gijgaN). 상상하기도 어려울 정도로 어마어마한 숫자지만 이를 미국 인구 3억 3,000만 명으로 나누면 1인당 약 8만 2,000

달러에 해당한다. 많은 돈이긴 해도 1조처럼 **많디 많은** 정도는 아니다.

12 Chip Heath & Dan Heath(2007): *Made to Stick: Why Some Ideas Survive and Others Die*(New York: Random House)의 사례 연구를 기반으로 하고 있다. 해당 사례는 햄버거헬퍼 Hamburger Helper의 브랜드 매니저 멀리사 스터드진스키 Melissa Studzinski 의 이야기에 따른 것이다(pp. 126-28).

사용자 친화적인 숫자를 찾아라

13 1956년에 처음 발표된 이 놀라운 대화식 논문에서 조지 A. 밀러는 인간의 두뇌가 한 번에 약 7개의 독립 정보를 오류의 위험 없이 기억하고 작업할 수 있다는 증거를 제시한다. George A. Miller(1956), "The Magical Number Seven, Plus or Minus Two: Some Limits on Our Capacity for Processing Information," *Psychological Review* 63(2): pp 81-97. https://bit.ly/3x6qsN2

14 A&W의 CEO 앨프리드 토브먼이 회고록에서 한 말이다(https://bit.ly/3mTKQfV). A. Alfred Taubman (2007), *Threshold Resistance: The Extraordinary Career of a Luxury Retailing Pioneer*(New York: Harper Business).

15 Jake Hofman and Daniel Goldstein(2021), "Round Numbers Can Sharpen Cognition." *Preprint available at the Open Science Framework*. https://osf.io/4n7sk/

16 소수와 분수, 백분율 및 비율처럼 일부를 의미하는 수가 실재하지 않는 듯 느껴지는 이유는 무엇일까? 이는 의사결정 분야에서 오랫동안 연구된 내용이다. 온전한 대상은 복잡한 수학적 결정과 관련된 생각을 할 때 도움이 되지만(예: 우연한 확률에 의한 우연한 결과), 일부일 때에는 단순한 상황에서도 실수를 하기 쉽다. 예를 들어 "결합 오류"(https://bit.ly/3ggMxmh)는 확률론적 맥락에서 많은 사람이 "침이 있는 것과 피부가 녹색인 것의 수가 침이 있는 것의 수보다 더 많다"고 말할 것임을 알려준다. 다양한 라벨을 붙여 구체적인 표식을 부여하면 이런 실수가 거의 일어나지 않는다. Amos Tversky and Daniel Kahneman(1983), "Extensional versus intuitive reasoning: The conjunction fallacy in probability judgment," *Psychological Review*, 90:4, pp. 293-31. Gerd Gigerenzer, Peter M. Todd, and ABC Research Group(1999), *Simple Heuristics That Make Us Smart*(New York: Oxford University Press).

17 주기율표에는 90가지 이상의 자연 발생 원소가 포함되어 있다. 이 중 대부분의 생물에서 상당한 비율을 차지하는 것은 11종류뿐이며, 인간의 경우에 가장 큰 비중을 차지하는 것은 세 가지다. 여기서는 체내 원자의 **수**에 초점을 맞추고 있지만(https://bit.ly/3tMtUus), 원자의 무게로 계산한다면 다른 결과가 도출될 것이다(https://bit.ly/3mZyJ0W).

18 최근 유고브YouGov의 조사에 따르면, 놀랍게도 많은 미국인이 집에서 화장실을 사용한 후에도 더러워진 손을 씻지 않는다(https://bit.ly/2Qenp51). 이 설문조사가 코로나19 팬데믹 이전에 이뤄졌다는 점에 주목할 필요가

있다. 또한 사람들이 2명 중 1명 꼴로 화장실에서 휴대전화를 사용한다는 사실에 관심이 갈 수도 있다. 휴대전화에는 변기보다 약 10배나 많은 박테리아가 살고 있다(https://bit.ly/3mWi4ep). 코로나19의 세계적 대유행 덕분에 지금은 상황이 더 나아졌길 바랄 뿐이다.

2장 | 일상에 가까운 숫자를 찾아라

단순하고 익숙한 것과 비교하라

1 Kensy Cooperrider and Dedre Gentner(2019), "The career of measurement," *Cognition*, 191. https://bit.ly/3niVc9h

2 큐빗에 손 길이가 포함되는지에 대해서는 많은 신학적 논쟁이 존재한다(https://bit.ly/3ebycEX). 중동의 고고학자들은 "긴" 큐빗과 "짧은" 큐빗을 구분한다. "긴" 큐빗은 대개 팔뚝에 손 길이까지 포함되고, "짧은" 큐빗에는 손이 포함되지 않는다(https://bit.ly/3ea8FvN).

3 《가디언The Guardian》에 게재되었다(https://bit.ly/2P4QQWI). 아래에 각각의 링크를 함께 제시한다.

하키스틱 1개―캐나다(https://bit.ly/3tuJ5Z2)

다다미 1개―일본(https://bit.ly/3ef4COL)

성체 악어 1마리―플로리다주(https://cnn.it/3ea8m4l)

서핑보드 1개―샌디에이고(https://bit.ly/3epleUb)

성체 화식조 1마리―호주 노스퀸즐랜드(https://bit.ly/2P4QQWI)

마이클 조던 1명—마이클 조던이 튀어나와 당신에게 하이파이브를 해준

다고 상상해보라.(https://bit.ly/3ay3Uv8)

순록 1마리—캐나다 유콘(https://bit.ly/3sqwrsB)

곰 1마리—러시아(https://bit.ly/3x40KsE)

1패덤—미국 해군(https://bit.ly/3ngV8Xt)

알파카 1마리—오하이오주 지역 축제(https://bit.ly/32sS553)

목재 파쇄기 1.5대—노스다코타주(https://bit.ly/3dKlIFw)

바게트 빵 2개—프랑스(https://bit.ly/3xssG9Y)

송어 4마리 또는 낚싯대 1개—몬태나주(https://fxn.ws/3axo8Fb)

서핑보드 1개 또는 산악자전거 1.5대—캘리포니아 오렌지카운티(https://

bit.ly/3dGg3QA)

코알라 4마리—호주 시드니(https://bit.ly/3stguC3)

버펄로윙 24조각—뉴욕주 버펄로(https://bit.ly/3vdI8F2)

파스타치오 72개—뉴멕시코주(https://bit.ly/3uZj8Rx)

4 보통 미국인은 파키스탄을 지도에서 찾아보기는커녕 시각화하는 데도 어

려움을 겪을 수 있다(https://bit.ly/2QDKnlG). 하지만 "캘리포니아주의 2배"

쪽이 훨씬 이해하기가 쉽다. "오클라호마의 5배"는 시각화하기가 모호할

뿐더러 산술적으로도 더 복잡한 계산을 요하기 때문에 그 과정에서 잊히

기 쉽다.

5 면적에 관한 모든 정보는 위키피디아에서 가져왔다. 터키(78만 5,000제곱킬

로미터)는 캘리포니아주(42만 4,000제곱킬로미터)의 2배가 조금 안 되는 크기

다. 뉴욕주(14만 1,000제곱킬로미터)는 아일랜드공화국(7만 제곱킬로미터)의 거의 2배에 이른다. 태평양 거대쓰레기지대(160만 제곱킬로미터)는 스페인(50만 6,000제곱킬로미터)의 3배가 넘는 면적을 차지한다.

6 호주 산불로 인해 소실된 면적은 18만 6,000제곱킬로미터에 달한다(https://bit.ly/3ojwbK2). 위키피디아에 따르면 일본의 면적은 37만 8,000제곱킬로미터, 시리아는 18만 5,000제곱킬로미터, 영국은 24만 2,500제곱킬로미터, 포르투갈은 9만 2,000제곱킬로미터다. 뉴잉글랜드(코네티컷, 메인, 매사추세츠, 뉴햄프셔, 로드아일랜드, 버몬트)는 18만 6,000제곱킬로미터이며, 워싱턴주는 18만 5,000제곱킬로미터다.

7 100미터 달리기에 참가한 침팬지, 코뿔소, 그리고 우사인 볼트 이야기에서 핵심은 인간 중에 가장 빠른 우사인 볼트가 코뿔소처럼 둔해 보이는 동물에도 미치지 못한다는 사실이다. 볼트가 100미터를 8.65초에 달린다면, 초당 11.5미터를 이동한다는 뜻이다. 초를 시간으로 환산하면 시속 41.4킬로미터다. 시속 40킬로미터로 달릴 수 있는 우리의 가장 가까운 친척인 침팬지보다 머리카락 하나만큼 빠른 수준이고(https://bit.ly/3tpcW53), 코뿔소의 시속 55킬로미터보다는 훨씬 느리다(https://bit.ly/3srCbCj).

8 온 세상이 영화와 음악업계에서 일하는 미남미녀들에게 정신이 팔려 있는 동안 게이머들은 은행에서 조용히 웃고 있다. 1,800억 달러 규모의 게임 산업에 비하면(https://on.mktw.net/3drI26n) 420억 달러(코로나19 이전)의 전 세계 박스오피스 수익도(〈버라이어티〉 기사는 예나 지금이나 이렇게 의기양양하지만. https://bit.ly/3uVqoxK) 220억 달러에 달하는 음악 시장 수익도(https://bit.

ly/3mZggl0) 명함을 내밀 수가 없다.

추상적인 숫자를 구체적인 사물로

9 그레이스 호퍼의 "다른 사람과 의사소통을 하지 못하면 수학을 배워봤자 아무 쓸모도 없다"는 말은 철저한 조사를 바탕으로 한 평전 Kurt W. Beyer(2009), *Grace Hopper and the Invention of the Information Age* (Cambridge: MIT Press) p. 124.에서 발췌한 것이다.

10 호퍼는 "때때로 모든 프로그래머의 책상이나 목에 이 전선을 걸어둬야 한다고 생각한다. 그래야 1마이크로초를 낭비할 때마다 자기가 뭘 낭비하고 있는지 알 수 있을 테니까"라고도 했다. Speaking While Female Speech Bank, "Explaining Nanoseconds: Grace Hopper," *Accessed March* 26, 2021. https://bit.ly/3mZ4ZkG

11 그레이스 호퍼는 '보여주고 말 안 하기'의 달인이었다. 그는 대중 연설가로서 30센티미터 길이의 전선 조각을 나눠 준 다음 그것이 1나노초, 즉 10억 분의 1초 동안 전기 신호가 이동하는 거리라고 설명했다. 그런 다음 서류 가방에서 1마이크로초 동안의 이동을 의미하는 약 300미터 길이의 전선을 꺼냈다. 그가 꺼낸 전선은 거의 축구장 3개 길이에 필적했다.

12 1993년의 한 연구는 구체성이 독자들의 흥미 수준과 학습 능력뿐 아니라 독해력도 향상시킨다는 주제와 관련해 주장과 해설, 문학 이야기, 그리고 서술의 네 가지 글 유형에 걸쳐 연구했다. 글은 모든 상황에서 구체적일수록 더 잘 기억되었고, 기억의 범위는 글 유형에 따라 달랐다.

Mark Sadoski, Ernest T. Goetz, Maximo Rodriguez(1993), "Engaging Texts: Effects of Comprehensibility, Interest, and Recall in Four Text Types," *Journal of Educational Psychology* 92: pp. 85–95. https://bit.ly/2RCnnEg

13 데이비드 루빈David Rubin은 숫자세기 노래, 발라드, 서사시를 보강하는 기억의 메커니즘에 관한 연구에서, 노래나 이야기의 확산과 지속성을 높이는 구체적인 이미지의 강력한 힘을 강조했다. David C. Rubin(1995), *Memory in oral traditions: The cognitive psychology of epic, ballads, and counting–out rhymes*(Oxford: Oxford University Press).

14 PDQ Adult Treatment Editorial Board. Testicular Cancer Treatment (PDQ®): Patient Version. 2019 Apr 9. In: PDQ Cancer Information Summaries (Internet). Bethesda (MD): National Cancer Institute (US); 2002– . https://bit.ly/3edzyPE

15 Center for Disease Control(2008), *Road to Health Toolkit Activities Guide*(U.S. Department of Health and Human Services) pp. 51–52. https://bit.ly/3dsm4Aq

16 육상선수를 빼고 400미터에 대한 뚜렷한 심상을 갖고 있을 사람이 누가 있을까? 반면에 엠파이어스테이트 빌딩은 모두의 마음속에 공간을 차지하고 있다. 에버기븐호의 길이는 399.97미터로, 약 60미터 길이의 가느다란 안테나를 제외한 엠파이어스테이트 빌딩(381미터)보다 길다. 이 점을 감안하면 이 배가 어떻게 수에즈 운하를 막을 수 있었는지 알 수 있

다. 참고: 바다에 뜰 수 있는 컨테이너선의 무게는 돌과 강철로 만들어진 육지 위 엠파이어스테이트 빌딩의 약 60% 정도다. 컨테이너선은 22만 4,000톤(https://cnn.it/2PevqGF), 엠파이어스테이트 빌딩은 36만 5,000톤 (https://bit.ly/3gtz3nn)이다.

17 예산·정책우선순위센터 Center for Budget and Policy Priorities에 따르면 2018 회계연도에 SNAP 지원을 받는 평균적인 가구는 한 달에 약 256달러, 평균 수혜자는 한 달에 약 127달러, 즉 한 끼에 1.37달러를 지원받았다 (https://bit.ly/3tJVKY9). 2부 참조.

18 2018년 SNAP 연말보고서 요약본(https://bit.ly/2Q7nd7K).

19 웹사이트 레시피라이언 RecipeLion의 "1.50달러 미만으로 만들 수 있는 12 가지 맛있고 검소한 식사" 페이지에서 니나 호프먼 Nina Hoffman과 새러 케네디 Sarah Kennedy가 올린 조리법을 볼 수 있다(https://bit.ly/3alhUbs).

20 2010년 경제학자 에드워드 울프 Edward Wolff는 연방준비제도 데이터를 사용해 미국의 자산 분위를 보다 자세히 나눔으로써 일반적으로 연간 가계 소득만 측정하는 인구조사국보다 사회불평등 구조에 관한 큰 그림을 더욱 명확하게 파악했다(https://bit.ly/3nlpxnt). 연준의 최신 데이터에 따르면 울프의 연구 이후 10년간 부자와 가난한 사람들의 자산 격차는 거의 변화하지 않았고, 상위 10%가 국가 전체 부의 약 70%를 소유한 반면 하위 50%가 소유한 부는 전체의 2%에 불과하다(https://bit.ly/3eu0mex). 이 아파트 건물 비유를 2020년에 적용하자면 가장 부유한 거주자가 아파트 31세대를 소유하고 있고, 다음 9명이 38개, 다음 40명이 29개, 그리고 가

장 가난한 50명이 아파트 두 세대에 살고 있다. Edward N. Wolff(2010), "Recent Trends in Household Wealth in the United States: Rising Debt and the Middle—Class Squeeze—an Update to 2007." *Levy Economics Institute of Bard College Working Paper* No. 589.

21 가령 몸무게가 3그램인 벌새가 하루 5칼로리를 소비한다면(https://bit. ly/3x7EuOE), 미국의 평균 남성과 같은 90킬로그램 체중을 가진 '벌새'는 (https://bit.ly/3tvn4JG) 하루에 15만 칼로리를 섭취해야 한다. 이 사람과 새 의 잡종이 매일 8시간의 수면을 취한다고 가정하면 깨어 있는 하루 16시 간 동안 매 시간 콜라를 67캔씩 마셔야 한다.

22 생생한 묘사는 더 즉각적으로 다가온다. 우리가 뭔가를 더욱 생생하게 만들기 위해 가정하는 요소들은 해석수준 이론(https://bit.ly/3sv30FX)에 서 사회적 인식, 행동, 선택에 대해 연구한 것과 동일하다. 사물의 이미지 가 더 상세하거나 생생할수록 심리적 거리가 줄어든다. Yaacov Trope and Nira Liberman(2010), "Construal—level theory of psychological distance" *Psychological Review.* 117:2, pp. 440 – 63.

23 위키피디아에 따르면 정수장에서 독소가 발견되어 시 당국이 상수도 시설을 사용 중인 50만 명에게 수돗물 사용을 중단해달라고 요청했을 때 오하이오 톨레도 지역에는 약 65만 명이 거주하고 있었다(https://bit. ly/3py11k6). 수돗물 사용 제한 인구를 전체 인구로 나누면 0.77이며, 이는 즉 톨레도 주민의 77% 또는 4분의 3이 된다.

24 우리 태양계에서 가장 가까운 항성계는 프록시마센타우리지만, 우주에

서 '가까운'은 매우 상대적인 용어다. 지구와의 실제 거리는 4.25광년, 즉 40,208,000,000,000킬로미터나 된다(https://go.nasa.gov /32NRZ8k). 인간적인 규모로 축소한다고 해서 설명이 간단해지는 것도 아니다. 태양과 해왕성 사이의 거리를 25센트 동전, 즉 지름 43밀리미터(https://bit.ly/3aE8mse)로 축소했을 때 우리 태양계에서 프록시마센타우리까지의 거리인 110미터, 즉 축구장 하나에 해당하는 거리를 나타내려면(https://fifa.fans/2PrPNjO) 4,500개의 동전을 일렬로 늘어놔야 한다. 왜 태양계 지름을 명왕성 궤도를 기준으로 계산하지 않았는지에 대해서는 웹주석을 참조하라.

25 지구의 77억 인구를 100명이 사는 마을로 축소하면 지리적 기원, 종교, 언어 같은 전통적인 분류를 넘어 인간 경험의 다양성에 대해 더 많은 것을 알 수 있다. 가령 마을 주민 100명 중 55명은 도시화된 지역에 살 것이고, 나머지 45명은 변두리의 시골 지역에 살고 있을 것이다(https://bit.ly/2RUkyP0). 이런 식의 축소는 우리가 나머지 세상과 생각보다 공통점이 많음을 깨닫는 데 도움이 된다. 이를테면 마을 사람 100명 중 65명이 휴대전화를 갖고 있고(https://pewrsr.ch/3aEfl4v), 36명은 일상적으로 페이스북을 사용한다는 사실을 알게 되었을 때처럼 말이다. 그러나 또한 100명 중 25명이 기후 변화 때문에 식수 부족을 겪고 있으며(https://bit.ly/3gAX9wj), 8명은 해수면 상승으로 인해 거주지를 잃을 처지에 놓여 있는(https://bit.ly/2Pp3tMo) 등 지구촌 동료 주민들이 얼마나 취약한 상태에 있는지도 강조할 수 있다.

26 100만 초는 11.6일, 즉 2주도 채 되지 않는다. 반면에 10억 초는 31년 8개월 5일로, 우리 생애에서 상당한 부분을 차지한다.

100만 초는 얼마나 긴가?

1,000,000초÷분당 60초=16,666분

16,666분÷시간당 60분=277시간

277시간÷하루 24시간=11.6일

1,000,000초=약 12일

10억 초는 얼마나 긴가?

1,000,000,000초÷분당 60초=16,666,666분

16,666,666분÷시간당 60분=277,777시간

277,777÷하루 24시간=11,574일

11,574일은 몇 년일까?

11, 574일÷1년 365.25일=31.68년=32년

(참고: 365.25는 4년마다 발생하는 윤년을 해마다 골고루 분산한 것이다.)

0.68년×1년 365.25일=248.37일

248.37일(1월~8월: 31 + 28 + 31 + 30 + 31 + 30 + 31 + 31)=8개월 하고 5일

27 미국인의 평균 키는 약 168센티미터(https://bit.ly/2QRU8go)이며 그 300배는 504미터다. 에펠탑의 높이는 330미터(https://bit.ly/3aB535d), 자유의 여신상은 약 93미터(https://bit.ly/3exyqGD)다. 2개를 쌓아봤자 423미터밖에 되지 않기 때문에 대충 높이를 맞추려면 자유의 여신상이 하나 더 필요

할 것이다.

28 엔지니어 100명이 커피 한 잔을 마시기 위해 하루에 10분씩 왕복한다면 주당 최대 80시간의 손실이 발생하는데, 이는 정규직 직원 2명의 주당 근무 시간에 필적한다. 엔지니어는 연간 평균 6만 5,000달러(https://indeedhi.re/3vlNq1h)의 연봉을 받고 있기 때문에 차라리 1만 5,000달러를 들여 탕비실을 새로 마련하는 편이 상대적으로 더 싸게 먹힌다!

29 영국에서 사고로 죽을 확률은 얼마일까? 영국 통계청에 따르면 2019년 잉글랜드와 웨일즈의 인구는 각각 5,620만 명과 310만 명으로(https://bit.ly/3vnwS9b) 총 6,000만 명에 약간 못 미친다. 한편 2019년 잉글랜드와 웨일즈의 사고 사망자 수는 약 2만 2,600명으로 추산되는데(https://bit49.ly/3sTAyOe) 6,000만 인구 중 하루에 약 62명이 사고로 사망하는 꼴이다. 즉 어느 특정한 날에 영국에 살고 있는 사람이 사다리에서 떨어져 죽을 확률은 100만 분의 1 정도다.

30 현대 의사결정분석 분야의 선구자인 로널드 A. 하워드Ronarld A. Howard 가 1989년에 개발한 "마이크로모트"는 일상적인 위험을 평가하는 데 널리 사용되고 있다. 처음에는 의학적 주요 위험을 평가하는 편리한 단위로 제안되었는데, 100만 분의 1 사망 확률을 가리키던 마이크로프로바빌리티microprobability 가 마이크로모트micromort 로 대체되었다. 2021년 위키피디아(https://bit.ly/2R2BySH)에 게재된 몇 가지 마이크로모트 중에는 행글라이딩(비행당 8마이크로모트), 출산(120마이크로모트), 코로나19 팬데믹이 한창인 시기 뉴욕에 거주하는 것(하루 50마이크로모트) 등이 있다.

Ronald A. Howard(1989), "Microrisks for Medical Decision Analysis,"
International Journal of Technology Assessment in Health Care, 5:3,
pp. 357 - 70. https://bit.ly/3tUMmRp

31 『해리 포터』시리즈의 열성 팬들은 책을 읽고, 지팡이와 의상을 사고, 시
리즈 각 권의 단어 수를 집계하기까지 한다(https://bit.ly/3aCAf3S).

『해리 포터와 마법사의 돌』: 7만 6,944단어

『해리 포터와 비밀의 방』: 8만 5,141 단어

『해리 포터와 아즈카반의 죄수』: 10만 7,253단어

『해리 포터와 불의 잔』: 19만 637단어

『해리 포터와 불사조 기사단』: 25만 7,045단어

『해리 포터와 혼혈왕자』: 16만 8,923단어

『해리 포터와 죽음의 성물』: 19만 8,227 단어

이로써 『해리 포터』시리즈의 총 단어 수는 무려 108만 4,170에 달한다.

자, 그럼 『해리 포터와 비밀의 방』을 책장에서 꺼내라. 8만 5,141단어가
빠졌으니 99만 9,029단어만 남았다.

32 국립예술기금위원회에 따르면 그들의 2016년 예산은 1억 9,000만 달러
였으며(https://bit49.ly/3nogNgr), 이는 연방정부의 총예산 3조 8,500억 달
러의 0.004%에 해당한다. 알고리즘을 이용한 단어 계산기(https://bit.ly/
3dQscCQ)에 따르면 일반적인 소설 문학은 평균 9만 단어로 이뤄져 있다.
여기에 0.004%를 곱하면 겨우 4단어다. 편집 업무로 따지만 세상에서 제
일 간단한 일이겠지만, 이걸 잘라내면 독자들은 분명 대가를 치르게 될

것이다.

33 M&M 한 알은 4.5칼로리 정도다(https://bit49.ly/3tQW5Z8). 신진대사율은 사람마다 다르지만 칼로리 계산기에 따르면 일반적으로 사람은 계단 한 칸을 오를 때마다 약 0.2칼로리를 소모한다(https://bit.ly/32LC7TF). 이런 비율이면 2층 계단을 오를 즈음이면 방금 먹은 M&M에 작별인사를 할 수 있다. 이 정보를 읽고 엘리베이터 대신 계단을 오르고 싶어졌다면, 당신은 혼자가 아니다. 식품 라벨에 적힌 칼로리 수치는 실제 행동에 거의 영향을 끼치지 않지만 칼로리를 행동으로 번역하면 측정 가능한 영향을 미칠 수 있다(https://bit.ly/2R0ciwk). 한 조각에 10칼로리짜리 프링글스(https://bit.ly/3nnzMrI)는 열량을 다 소모하는 데 그보다 더 오래 걸릴 것이다. 의과대학 차트(https://bit.ly/3tPqZRK)에 따르면, 보통 사람은 시속 5.6킬로미터로 4분 동안 걸으면 10칼로리를 소모한다. 이는 지금까지 우리가 걸은 것보다 훨씬 긴 약 211미터(대략 축구장 2개 길이)의 거리다.

34 《네이처》에 따르면, 웹오브사이언스Web of Science에 올라와 있는 모든 학술 논문의 첫 번째 페이지만 인쇄해 쌓아도 약 5,895미터 높이의 킬리만자로 산 꼭대기에 닿을 수 있을 정도다(https://go.nature.com/2QXLey5). 흥미로운 점은 가장 많이 인용된 논문이 아주 유명한 과학적 발견에 대해 상세히 기술하는 논문의 인용 횟수를 훨씬 초과한다는 것이다.

35 2019년 아보카도 하나의 평균 가격은 약 2달러(https://bit.ly/3eywi1i), 즉 40니켈이었다. 미국 조폐국은 니켈 동전의 두께를 1.95밀리미터(https://bit.ly/2Qrnu5z)로 규정하고 있다. 즉 니켈 동전 40개를 쌓으면 78밀리미터

가 된다.

2달러=200센트

200센트÷5센트=40니켈

40니켈×니켈당 1.95밀리미터=78밀리미터

휴먼스케일, 사람이 기준이다

36 에베레스트산은 높이 8,848미터로, 지구상에서 가장 높은 산이다 (https://bit.ly/3aA2nob). CDC에 따르면 미국인의 키는 평균 168센티미터 (https://bit.ly/2Qy4t1h)로 에베레스트산보다 훨씬, 훨씬 작지만 약 6밀리미터인 딕슨 니콘데로가 Dixon Ticonderoga 연필의 지우개(https://bit.ly/3sR9Zcc) 혹은 옆으로 눕혔을 때 높이가 2밀리미터인 쌀알(https://bit.ly/3tSLWLk)보다는 훨씬 크다. 사람이 연필 지우개만 한 크기라면 에베레스트는 약 31.7미터다. 사무실 건물의 각 층 높이를 약 4.2미터(https://bit.ly/3tPo9Mo)로 본다면, 에베레스트는 고층 건물의 7층과 8층 사이에 해당된다. 여기서 사람의 크기를 더 줄여 쌀알 크기까지 축소하면 에베레스트는 10미터가 조금 넘는데(10.36미터), 교외에 있는 널찍한 2층집에 다락방을 더한 높이다. 사람의 크기를 한 단계 더 축소해 카드 6장까지 줄이면(http://magicorthodoxy.weebly.com/magic—reviews/card—thickness—how—will—these—cards—feel), 에베레스트도 약 8.8미터가 되어 조금 더 작은 2층집이 된다.

37 흔한 트럼프카드를 10장 쌓은 높이는 2.78밀리미터이며, 따라서 6장일

때에는 1,668밀리미터(http://torthodoxy.weebly.com/magic-reviews/card-thickness-how-will-these-cards-feel)이다. 이는 미국인의 평균 키 168센티미터의 1,000분의 1로 변환할 수 있다. 카드의 두께는 다양하지만 사람의 키도 그러하며 비레드 카드는 중간쯤 되므로 1,000대 1 척도를 사용해도 무방할 것이다. K2의 높이는 8,610미터(https://bit.ly/3no1MLQ)인데 카드더미 척도로 환산하면 8.6미터고, 에베레스트보다 약 0.2미터 낮다. 히말라야산맥 봉우리들의 기준점인 약 7,000미터(https://bit.ly/3gCAO1n)를 같은 척도로 줄이면 7미터이며, 4,511미터 높이의 티베트고원(https://bit.ly/3의aEMM6T)은 약 4.5미터다. 몽블랑은 해발 4,807미터(https://bit.ly/3dMLR6y)로 세계에서 몇 안 되는 고산 중 하나다. 로키산맥에서 가장 높은 4,402미터 높이의 콜로라도 엘버트산(https://bit.ly/3dRpZ9S)과 미시시피 동쪽에서 가장 높은 2,037미터의 미첼산(https://bit.ly/3xwuIGb)은 둘 다 티베트고원보다도 낮으며, 각각 4.4미터와 2미터로 축소할 수 있다. 브리튼섬에서 가장 높은 스코틀랜드의 벤네비스(https://bit.ly/3nl2NUJ)의 높이는 1,343미터인데, 길가에 세워진 우편함보다도 높지 않은 1.3미터가 된다(https://www.usps.com/manage/mailboxes.htm).

인간을 카드 6장 척도로 계산하면: 168센티미터÷1,668밀리미터 =1,000:1 크기다.

K2는 8,610미터÷1,000=8.6미터,

8,600,000밀리미터÷838밀리미터=10,276밀리미터,

히말라야 산맥은 평균 약 7,000미터이며, 7미터로 변환할 수 있다.

티베트 고원은 약 4,511미터이며 4.5미터로 변환된다.

몽블랑은 4,807미터이며, 4.8미터로 변환된다.

엘버트산은 4,402미터미터이며, 4.4미터로 변환된다.

미첼산은 2,037미터이며, 2미터로 변환된다.

벤네비스는 1,343미터이며, 1.3미터로 변환된다.

38 올림픽 수영장의 부피는 약 249만 8,372리터다(https://bit.ly/3etTH3V).《내셔널 지오그래픽》의 추산에 따르면 전 세계 담수 중 접근 가능한 양은 0.025%에 불과하며(https://on.natgeo.com/32Qfttv), 이를 계산하면 약 625리터다. 수영은커녕 3인용 욕조도 채우지 못할 수준이다(https://bit.ly/2S6ZYey).

39 위쪽 상자는 인간의 인지와 그것이 우리의 기본적인 길찾기 능력을 어떻게 형성하는지에 관한 획기적인 책 Arne D. Ekstrom, Hugo J. Spiers, Véronique D. Bohbot, R. Shayna Rosenbaum(2018), *Human Spatial Navigation*(Princeton: Princeton University Press)(https://bit.ly/3tUVYvu)에서 직접 인용한 것이다. 번역은 인간에 비해 거미의 방향 능력이 얼마나 뛰어난지 멕릭회히는 데 도움 율 준다. 워싱턴 D.C. 기여은 75킬로미터 ʏ 75킬로미터 가량으로, 버지니아 매너서스에서 메릴랜드 프린스조지카운티까지 이른다. NIH에서 펜타곤(https://bit.ly/3sS0k5t)까지의 거리는 일부러 먼 길로 돌아가도 30킬로미터에 불과하다. 사막개미는 이런 먼 거리를 지도나 스마트폰 없이도 원하는 대로 돌아다닐 수 있다.

40 빛의 속도는 초속 약 29만 9,660킬로미터(https://bit.ly/3dMSiGK)로 일정

하지만 음속은 음파가 통과하는 물질이나 주변 온도와 같은 여러 변수에 따라 달라진다. 서던캘리포니아에서 새해 축하 행사가 열린다고 하자. 날씨는 맑고 기온은 섭씨 20도가량이다. 이런 조건에서 소리의 속도는 약 시속 1,223킬로미터다(https://bit.ly/3nmvQc). 새해 불꽃놀이의 빛이 도달하는 데 10초가 걸렸다면 관찰자는 불꽃놀이가 벌어진 곳에서 299만 6,600킬로미터 떨어진 곳에 있는 셈이다. 물리법칙이 적용된다고 치면(속도와 관련된 법칙 외에 다른 물리법칙은 무시하자. 지구에서 이렇게 멀리 떨어져 있다면 소리가 전달되지 않는 우주에 있어야 할 테니까) 소리가 도달하는 데에는 102일이 걸릴 것이다. 불꽃놀이가 시작된 장소는 지구보다 달에서 거의 8배는 더 멀리 떨어져 있다(https://go.nasa.gov/3ns5KTG).

41 2020년, 노스웨스턴대학교 연구진인 크리스틴 퍼체스키Christine Percheski 와 크리스티나 데이비스Christina Davis는 소비자금융조사Survey of Consumer Finances의 데이터를 이용해 자녀를 키우는 흑인 가정이 경제적으로 얼마나 취약한지를 보여주었다. 페니/달러 수치는 해당 데이터에서 가져왔다. 첫 번째 시나리오는 뜻밖의 긴급 상황이 발생했을 때 미국 성인 5명 중 2명이 400달러를 마련할 수 없다는 2019년 연방준비제도 보고서에서 힌트를 얻었다(https://bit.ly/3tVlvoz). 페니/달러 격차를 현실적인 규모로 확대하면 그 차이가 얼마나 큰지 알 수 있다. 막대한 병원비를 마주했을 때 은행에 2,000달러가 있는 것과 지갑에 달랑 20달러 지폐 한 장만 있는 경우를 생각해보라. 백인 가정은 은퇴 계좌에 50만 달러가 있지만 흑인 가정은 5,000달러만으로 죽을 때까지 버텨야 한다. 매년 응급실을

찾는 1억 3,000만 명의 미국인 중에(https://bit.ly/3viBfSF) 치료비를 지불할 수 없는 5명 중 2명은 얼마나 될까? Christine Percheski and Christina Gibson Davis(2020), "A Penny on the Dollar: Racial Inequalities in Wealth among Households with Children." *Socius: Sociological Research for a Dynamic World.* https://bit.ly/3dOhMmY

42 학년당 수업일이 180일이라고 치면, 하루 5분을 몇 주, 몇 달 동안 모으면 최대 540분이 된다는 사실을 손쉽게 계산할 수 있다. 이를 시간으로 나누면 9시간이나 되는 추가 수업이 생긴다. 주 3일 수업이라고 가정하면 3주다. 교사의 희망찬 꿈이 게으른 학생에게는 악몽이 될 수도 있겠지만, 어쨌든 더 많은 시간을 학습하는 데 쓸 수 있을 것이다. Doug Lemov(2014), *Teach Like a Champion 2.0: 62 Techniques that Put Students on a Path to College*(New York: John Wiley & Sons). https://bit.ly/3eDsTP4

43 우리가 매일 평균 2시간 22분씩 소셜미디어에 소비한다는 사실(https://bit.ly/3dO08zF)은 누구도 믿고 싶지 않은 통계일 것이다. 만일 5개월 동안 금요일마다 소셜미디어를 포기한다면 우리 삶의 약 2,860분(47.6시간)을 되찾을 수 있고 "결코 시간을 낼 수 없던" 독서를 하는 데 할애할 수 있다. 분당 평균 238단어의 속도로(https://bit.ly/2QzqnB4) 책을 읽는다면 약 67만 6,000단어를 소화할 수 있으며, 이는 가장 긴 고전소설에 더해 가장 짧은 고전소설까지 읽기에 충분한 시간이다(https://bit.ly/3xpPiYq; https://bit.ly/3nmjCyF). 당신이 읽을 수 있는 몇 가지 책을 소개한다.

10만 단어 미만

"나니아 연대기" 시리즈 전체: 45,535단어

『위대한 개츠비』: 47,094단어

『모든 것이 산산이 부서지다』: 57,550단어

『댈러웨이 부인』: 64,422단어

『컬러 퍼플』: 66,556단어

『빌러비드』: 88,426단어

20만 단어 미만

『인도로 가는 길』: 101,383단어

『백년 동안의 고독』: 144,523단어

『보이지 않는 인간』: 160,039단어

『제인 에어』: 183,858단어

67만 5,000단어 미만

『돈키호테』: 344,665단어

『안나 카레니나』: 349,459단어

『반지의 제왕』 3부작: 576,459단어

『전쟁과 평화』: 587,287단어

3장 | 숫자에 감성을 얹어라

숫자로 생명을 구한 나이팅게일

1 Edward Tyas Cook(1913), *The Life of Florence Nightingale*, vol. 1, p. 315 (London: Macmillan). 참고.

2 Professor Lynn MacDonald(2014), *History of Statistics: Florence Nightingale and Her Crimean War Statistics: Lessons for Hospital Safety, Public Administration and Nursing*(https://bit.ly/3aDqfro)에서 인용.

3 Eileen Magnello (2010), "Florence Nightingale: The Compassionate Statistician," *Radical Statistics* 102, pp. 17–32. https://bit.ly/3xx1O8T

비교, 절대적 최고, 범주 뛰어넘기

4 1,250만 명의 이용객이라는 정보값은 많은 숫자처럼 느껴지지만 사실은 아무 맥락도 제공하지 않는다. 국립공원관리국에 따르면, 2019년에 가장 많은 이용객이 방문한 국립공원 2위는 거의 600만 명이 다녀간 그랜드캐니언이다. 이 패턴은 적어도 2001년부터 매년 꾸준히 반복되고 있다. 그레이트스모키산맥은 언제나 1위를 지키고 있으며 매년 그랜드캐니언보다 약 2배 많은 사람들이 방문한다(https://bit.ly/3sXjJ4S).

5 공정한 과학자들이 만든 여러 측정 기준(https://on.natgeo.com/3tR3yaD)에 따르면, 아마존은 지구상에서 가장 큰 강일 뿐 아니라 가장 긴 강이기도

하다. 나일강의 길이는 일반적으로 6,650킬로미터로 간주되는데(https://bit.ly/3aJI0Fc), 아마존강의 길이는 수원과 강어귀를 어디로 인정하느냐에 따라 6,400킬로미터부터 6,992킬로미터까지 될 수 있다. 인간적 규모로 계산했을 때 나일강의 높이가 1.82미터라면 아마존강은 전통적인(짧은) 추정치로는 1.78미터지만 더 관대하게 계산하면 거의 1.92미터에 이른다. 즉 어떤 신발을 신느냐에 따라 달라지는 것이다.

6 아마존강은 2위와는 상당한 차이가 나는, 세계에서 가장 큰 강이다. 강의 유량을 사람의 몸무게로 환산하면 2위는 심지어 근접한 수준도 못 된다. 나일강의 초당 평균 유량 2,830세제곱미터가 성인의 평균 체중 약 80킬로그램이라면 초당 유량이 20만 9,000세제곱미터(https://bit.ly/2R0Ng06)인 아마존의 무게는 수컷 코끼리 중에서도 가장 덩치가 큰 개체에 해당하는 약 6,038킬로그램이다.

7 위키피디아에 따르면 캘리포니아의 GDP는 미국, 중국, 일본, 독일에 이어 세계 5위다(https://bit.ly/3xr6cWQ). 다시 말해 UN이 전 세계 195개 국가를 주권 국가로 인정할 경우, 캘리포니아 경제가 그중 190개 국가를 능가한다는 의미다. 이제 캘리포니아 사람들이 분리 독립을 주장하면 웃음을 터트리기 전에 다시 한번 생각해봐야 할 것 같지 않은가? 덧붙여 미국은 캘리포니아가 분리된다고 해도 여전히 세계 1위의 경제 대국일 것이다.

8 크레디트스위스Credit Suisse 의 『글로벌 자산 보고서 데이터북Global Wealth Report Databook』에 따르면 2019년에 총자산이 2조 달러 이상인 국가는 21개에 불과하다(https://bit.ly/3aDpxue). 미국은 총자산이 106조 달러로 15자릿

수에 달하는 유일한 국가이며, 중국이 64조 달러, 그 뒤를 이은 일본이 25조 달러, 독일이 15조 달러다. 멕시코와 브라질 같은 국가는 인구가 많아 여기 포함되는 한편 스웨덴과 벨기에와 같은 국가들은 훨씬 적은 인구가 비슷한 수준의 총자산을 지니고 있다.

9 UN 식량농업기구(FAO)는 가축이 전 세계 CO_2 배출량의 14.5%를 차지하고 있으며(https://bit.ly/3aEIzAh) 그중 62%가 소에서 비롯된다고(https://bit.ly/3vqGNuF) 주장한다. 다시 말해 커다란 눈망울을 가진 우리 친구들이 매년 전 세계 온실가스 배출량의 약 9%를 책임지고 있다는 의미다. 전 세계 온실가스 배출량에 있어 초대형 배출국인 중국(28%)이 1위, 미국(15%)이 2위 그리고 3위는…… 바로 소다. 인도는 7%로 4위다(https://bit.ly/3noaRny). "만약 소가 국가라면"은 Tad Friend(2019), "Can a Burger Help Solve Climate Change?" *The New Yorker* September 30, 2019에서 스티븐 추Steven Chu의 말을 인용한 것이다.

정곡을 찌르는 감정 조합이 따로 있다

10 아이젠하워 대통령의 "평화를 위한 기회" 연설은 "철의 십자가" 연설로도 알려져 있다. 스탈린이 사망한 지 얼마 지나지 않았을 때 발표된, 군비 지출에 관한 역사적 훈계였다. 전체 연설문은 아이젠하워 라이브러리에서 볼 수 있다(https://bit.ly/3gGhwYX).

11 크랜베리주스는 왠지 건강에 좋을 것 같은 느낌이 든다. 그래서 표준적인 소프트드링크 사이즈인 345밀리리터짜리 오션스프레이 크랜베리애

플주스 1캔에 설탕이 44그램이나 들어 있다는 사실을 알고 나면 큰 충격을 받게 된다. 이는 크리스피크림 글레이즈 도넛 3개(설탕 30그램, https://bit.ly/3sQMDDJ)와 각설탕 3개(1개당 4그램, https://bit.ly/32N0gsS)를 먹는 것만큼이나 많은 설탕이다. 그러니 도넛 3개와 커피 한잔에 각설탕은 하나만 넣고 주스는 포기하기 바란다.

12 미국 국립보건원 데이터에 기반(https://bit.ly/3sNvHhz).

13 Kaiser Permanente data analysis, B. Crawford, M. Skeath, and A. Whippy, "Kaiser Permanente Northern California sepsis mortality reduction initiative," *Crit Care* 16, p. 12(2012). https://bit.ly/2QWOedV

14 2019년 기준, 4만 2281명의 여성이 유방암으로 사망했고 3만 1,638명의 남성이 전립선암으로 사망했다. 췌장암으로 인한 사망자는 4만 5,886명이며, 간암으로 인한 사망자는 2만 7,959명이다. 따라서 총 사망자는 14만 7,764명이다. 출처: 질병관리본부(CDC) 홈페이지(https://bit.ly/3vlTA1m).

이 장에서 제시한 예시는 이야기의 절반만을 담고 있다. 실제로 패혈증 사망률을 줄이는 프로토콜의 힘은 이보다도 훨씬 강력하다. 실제로는 "유방암을 앓는 모든 여성, 전립선암을 앓는 모든 남성, 그리고 췌장암이나 간암을 앓고 있는 모든 환자를 …… 합친 수"의 환자들을 구할 수 있다. 최종 버전에 어째서 이 내용을 포함하지 않았느냐고? 개인적인 판단에 따른 결정이었고, 어쩌면 우리가 잘못된 결정을 내렸을 수도 있다. 그러나 우리는 단순히 유방암과 전립선암만 비교했을 때 사람들이 더 쉽게 반응하고 나아가 행동할 것이라고 추측했다. 이 정보만으로도 분명 의료

계의 관심을 끌 수 있다.

15 이 통계는 UN이 선정한 인구 500만 명 이상의 세계 81개 도시(https://bit. ly/3gG7E1x)를 활용했다. 런던과 파리의 인구는 각각 1,000만 명, 바르셀로나는 500만 명이다. 중국에서 가장 큰 도시인 상하이의 인구는 이 3개의 유럽 도시를 모두 합친 것과 같다.

"이건 숫자가 아니다. 당신의 이야기다"

16 매년 정신질환 진단을 받는 성인의 수에 대해 존스홉킨스병원은 4명 중 1명(https://bit.ly/2LDDQoB), 미국 국립정신보건원은 5명 중 1명(https://bit. ly/3opOWfD)으로 추산하고 있다. 그러나 질병관리본부에 따르면 평생 정신질환 진단을 받을 확률은 2분의 1이다(https://bit.ly/386MPHw). 한 방에 있는 10명 중 2명은 내년에 정신질환 진단을 받을 것이고, 10명 중 5명은 살다보면 언젠가 정신질환 진단을 받게 될 것이다.

17 CEIC 데이터(https://bit.ly/3uQuQif)에 따르면 2019년에 케냐인은 평균 약 7,000달러의 연소득을 올린 반면, 미국 인구조사국(https://bit.ly/3b8VLXY)에 따르면 2019년 미국 중위 가구의 연소득은 6만 8,700달러였다. 만일 미국인이 케냐인처럼 수입의 절반가량을 식료품을 사는 데 쓴다면(https://bit.ly/3v3Ycsy) 매주 식료품에만 약 660달러를 지출하게 될 것이다. 이 시나리오는 Mike Fairbrass & David Tanguy, *2017 The Scale of Things*(Quadrille Publishing)에 실린 자료에서 힌트를 얻었다.

18 미국 인구조사국(https://bit.ly/3vgY9do)에 따르면 미국인의 50%(그리고 거

의 90%의 사람들, https://bit.ly/3kKgDi6)가 10만 달러 미만의 가구 자산을 보유하고 있기 때문에(Credit Suisse Global Wealth Report, https://bit.ly/3hS5A4Y) 2명 중 1명은 첫 번째 계단도 오르지 못한다. 미국 국민의 25% 미만이 42만 7,000달러 이상의 순 자산을 지니고 있기에 4번째 계단에 도달하는 것은 인구의 4분의 1에 불과하다. 그리고 100만 달러를 의미하는 10번째 계단에 도달할 수 있는 것은 미국인 10명 중 1명 미만이다. 베이조스의 1,980억 달러 자산(https://bit.ly/3vgY9do)을 10만 달러로 나누면 193만 개의 계단이 나온다. 베이조스의 자산 수준에 도달하려면 1분당 61걸음의 속도로(이는 평균보다도 낮은 속도다, https://bit.ly/2LbIxX2) 매일 9시간 2개월 동안 계단을 올라야 한다. 좋은 신발이 있어야 할 것이다!

19 미국 교통부에 따르면(https://bit.ly/3rk0ti7) 일반적인 미국인은 하루에 약 65킬로미터의 거리를 운전한다. 만일 자동차의 연비가 EPA 기준인 갤런당 25마일(리터당 약 10.6킬로미터; https://bit.ly/3uUE25g)이라면 프리우스로 교체할 경우 매달 연료비로 지출하는 돈의 절반을 절약할 수 있다. 기름값이 갤런당 3달러라고 가정하면 한 달에 72달러, 즉 연간 864달러를 절약할 수 있다.

숫자를 시연하라

20 음향학자 브루노 렙Bruno Repp은 평균적인 성인이 초당 약 4회 박수를 칠 수 있다는 사실을 발견했다(https://bit.ly/3uYnNUJ). 이는 박수와 박수 사이에 약 250밀리초의 간격이 있다는 의미다. 시속 약 144킬로미터의 강

속구는 투수가 공을 던진 뒤 타석에 도달하는 데까지 400~450밀리초가 걸리고, 휘두른 배트가 호를 완전히 그리는 데는 150밀리초가 걸린다(https://bit.ly/3gezhi8). 즉 타자가 스윙 여부를 결정하는 데 250~300밀리초(https://n.pr/3hWFRbC)의 여유밖에는 없다는 뜻이다. 박수를 딱 한 번 치는 데 걸리는 시간이다. 참고: 박수치기 세계 기록은 1분에 1,103회다. 즉 초당 평균 18.3번으로, 박수 1회당 41밀리초다(https://bit.ly/3aDEegw).

21 2016년 올림픽에서 우사인 볼트가 19.78초 기록으로 200미터 달리기에서 우승했을 때, 다른 선수들과의 기록 차이는 겨우 몇 밀리초에 불과했다. 볼트가 결승선을 통과할 때 1초에 4번씩 박수를 친다면(박수당 0.25초) 2위 주자는 두 번째 박수를 치기 0.01초 전에 들어올 것이다. 세 번째 박수를 쳤을 즈음에는 3~7위 선수들이 전부 결승점에 들어왔고, 4번째 박수를 치기 0.10초 전에 들어온 8위 선수만 명백하게 뒤쳐졌을 뿐이다.

22 의회 예산이 책정될 때마다 예술에 대한 공적 자금 지원을 둘러싼 논쟁이 뜨겁다. 2016년에 국립예술기금위원회는 연방 예산 3조 9,000억 달러(https://bit.ly/3esWj2c) 중 약 1억 4,800만 달러(https://bit.ly/3bmcspO)를 배정받았다. 이를 연방 예산으로 나누면 전체 예산의 약 0.004%다. 1년에 6만 달러를 버는 일반 미국인이 연방세로 약 6,300달러를 납부한다면(https://bit.ly/3v4Yu3e) 그들의 기여도는 25센트, 즉 반짝반짝한 동전 하나 정도다.

23 퓨리서치센터에 따르면(https://pewrsr.ch/3rtD91l) 2020년 하원에서 역대 가장 많은 여성 의원이 선출되었음에도 여성 의원의 비율은 아직 27%에

불과하다. 방안 가득한 청중에게 이 같은 사실을 설명하고 싶다면 여성 3명과 남성 1명으로 구성된 그룹을 만든 다음, 여성들에게 특히 남성에게 큰 영향을 미칠 정책에 투표하도록 지시하라. 닉 페로니가 근사하게 해낸 것처럼 결과가 모든 것을 설명해줄 것이다(https://bit.ly/2MYLsDs).

24 2020년에 제프 베이조스의 순 자산은 750억 달러나 증가하여(https://bit.ly/3ec01yG) 연말에는 약 1,880억 달러에 달했다. 750억 달러를 365일로 나누면 하루에 2억 500만 달러이며, 이를 다시 24시간으로 나누면 시간당 850만 달러가 된다. 여기서 60분으로 나누면 분당 약 14만 3,000달러가 되며 다시 초당 약 2,400달러가 된다. 제프 베이조스는 11초 만에 2만 6,000달러가 넘는 돈을 벌었다.

25 John P. Kotter & Dan S. Cohen(2012), *The Heart of Change: Real-life Stories of how People Change Their Organizations*(Cambridge: Harvard Business Review Press)에서 존 스테그너가 한 이야기.

통계의 무게감은 과정에서 나온다

26 작가 러스 미첼Russ Mitchell은 기술 스타트업에 투자하는 VC 펀드가 연 수익 18%를 달성하려면 100년간 325개 이상의 이베이에서 1조 3,000억 달러의 투자 가치를 창출해야 하며, 이는 월 2억 7,000만 달러를 의미한다고 지적했다(https://cnn.it/3aYvXEr). 2010년대 버전으로 번역하자면 10년간 매달 2~3개의 페이스북을 상장해야 한다는 뜻이다(https://nyti.ms/3gFypDf).

27 폴 슬로빅은 그의 연구에서 플로렌스 나이팅게일의 방법론을 예로 들며, 건조한 통계는 개인적이고 공감할 수 있는 이야기와는 달리 사람들을 감동시키지 못한다고 지적한다. 그의 연구는 대중적 비극이 적절한 정서적 반응을 이끌어내는 데 어떻게 실패하는지, 그리고 1명의 삶에서 2명의 삶으로 초점을 옮기는 순간 공감 피로_{compassion fatigue}의 "감정적 희석"이 어떻게 시작되는지를 자세히 다룬다. Paul Slovic and Daniel Västfjäll (2015), "The More Who Die, the Less We Care: Psychic Numbing and Genocide," *Imagining Human Rights*, pp. 55 – 68(De Gruyter) (https://bit.ly/32MciCY); Paul Slovic (2007), " 'If I Look at the Mass I Will Never Act': Psychic Numbing and Genocide," *Judgment and Decision Making* 2:2, pp. 79 – 95. (https://bit.ly/3tVchZd)

28 통계국의 인구 시계에 따르면 미국에서는 9초마다 신생아가 탄생한다. 한 해는 약 3,150만 초이므로, 계산하면 약 350만 명의 아기가 태어난다고 가정할 수 있다. 남은 7,000만 개의 총기를 새로 태어난 신생아들에게 선물한다면 전부 소진하는 데 20년이 넘게 걸릴 것이다.

29 Kensy Cooperrider and Dedre Gentner(2019), "The career of measurement," *Cognition* 191. https://bit.ly/3nmpqbq

30 Charles Fishman(2007), "Message in a Bottle," *Fast Company*, July/August. 에비앙 생수의 현재 가격과 샌프란시스코가 관리하는 요세미티의 물값을 비교해 계산하면 4.5년 동안 병을 재사용할 수 있다(https://bit.ly/3sMQoKs).

31 위키피디아(https://bit.ly/3bUCnVD).

32 뛰어난 선발 투수라고 인정받는 일반적인 기준은 한 시즌에 200이닝을 던지는 것이다(https://bit.ly/3euQIIJ). 대부분의 투수는 이닝당 약 15개의 공을 던지는데(https://atmlb.com/32R8DDP), 이는 시즌당 약 3,000개 정도다. 따라서 98시즌 동안 실수가 없어야(스트라이크존을 놓치든 안타를 맞든) 한다는 뜻이다.

33 CDC에 따르면 미국에서는 한 해에 1만 9,141건의 살인사건이 발생한다(https://bit.ly/3r38qr6). 이를 1년 중 365일로 나누면 하루에 52명이 조금 넘는 사람이 살해되고 있는 셈이다. 하루 24시간으로 나누면 1시간마다 2명, 30분마다 1명씩 살해당하고 있다. 1시간에 2건의 살인사건이라고 하면 마치 텔레비전 수사물에서 에피소드당 해결되는 사건 수처럼 들리지만, 매일 희생되는 52명이 영화관 좌석 맨 앞줄을 채우고 있다고 상상하면 그 무게감이 완전히 달라진다.

하지만 잠깐! 1에 집중하라는 원칙은 어디로 갔냐고? 좋은 질문이다. 그 장에서 가장 먼저 1에 초점을 맞추라고 권한 것은 그게 가장 간단한 해결책이기 때문이다. 하지만 여기서는 1에 초점을 맞추면 감성적인 자극이 부족하다. 이럴 때는 다른 기법에 의존하는 게 좋다.

앙코르 기법, 결정타를 날려라

34 아워월드인데이터Our World in Data에 따르면, 미국인이 먹는 양만큼 전 세계 모든 사람이 먹을 소, 돼지, 닭을 키우려면 현존하는 거주 가능한 땅의

138%가 필요하다(https://bit.ly/2Nsr6m9). 지구상에는 1억 400만 제곱킬로미터의 거주 가능한 땅이 있고, 세상 사람들에게 미국인과 같은 식단을 먹이려면 그 땅을 전부 사용해야 한다. 교외 마당과 소프트볼 경기장을 소 농장으로 바꾸고 모든 가정집 지하실과 사무실에서 닭을 치는 법을 배워야 한다. 하지만 그것만으로도 충분하지 않다. 거기에 38%의 토지가 더 필요하기 때문이다. 거주 가능한 토지 1억 400만 제곱킬로미터의 38%는 3,550만 제곱킬로미터다. 아프리카의 총 면적은 3,000만 제곱킬로미터이고, 호주는 850만 제곱킬로미터다(https://bit.ly/3eT95Jd). 이 둘을 합치면 전 세계인들에게 미국인과 같은 육류 식단을 제공하는 데 추가로 필요한 3,550만 제곱킬로미터보다 약간 더 많다. (하지만 이조차도 호주와 아프리카의 모든 땅이 거주 가능하다고 가정해야 하기 때문에 필요한 추가 면적을 과소평가하는 셈이다.)

35 아주 희박한 가능성을 이해하기 위해 파워볼 복권 당첨 확률인 2억 9,220만 1,338분의 1(https://bit.ly/2)을 예시로 들어 보자. 이를 300으로 나누면 97만 4,000이다. 이걸 다시 365일로 나누면 2666년이 되는데, 이해하기는 좀 어려워도 불가능한 숫자는 아니다. 이 예시에서 앙코르 기법을 효과적으로 만드는 것은 단순히 2억 9,220만 1,338일 중 하루를 추측해야 한다고 가정할 때 그 범위가 80만 20년 하고도 33일까지 확장된다는 것이다. 즉 이 운 나쁜 사람은 0001년 1월 1일부터 800020년 2월 2일 사이에 있는 하루를 맞춰야 한다! 2666년은 터무니없게 느껴지긴 해도 적어도 우리가 살고 있는 2000년대다. 하지만 수십만 년으로 확장되면 숫자

가 너무 커서 복권에 당첨될 확률이 얼마나 희박한지 정확히 실감하기가
어렵다.

36 개구리가 한 번에 뛸 수 있는 거리는 종마다 차이가 있지만, 시카고 필드
박물관Field Museum에 따르면 북방참개구리는 몸길이의 15배를 점프할 수
있다고 한다(https://bit.ly/3aDjeXA). 평균적인 미국인의 키가 168센티미터
이므로(https://bit.ly/2Qy4t1h) 황소개구리처럼 뛸 수 있다면 약 25미터를
점프할 수 있다. NBA 코트에서 3점슛 라인과 상대팀 골대 사이의 거리
인 약 20미터를(https://on.nba.com/2PmvaFD) 능가하는 거리다. 프로 농구
선수가 보통 뛰어오를 수 있는 거리보다 훨씬 멀 뿐만 아니라 스티븐 커
리Stephen Curry가 기록한 세계 최장 거리 슛의 거의 2배에 달한다. 그도 한
번은 그만한 거리에서 버저비터를 성공한 적이 있긴 하다.

기대는 깨트리라고 있는 것

37 이 프레젠테이션의 가장 좋은 소스는 4분짜리 편집 영상(https://bit.
ly/3gk8Bux)이다. 하지만 반전도나 슬라이드는 1시간 이상의 긴 프레젠테
이션 버전에서만 볼 수 있다.

38 Larry Rohter, July 10, 2014, *New York Times*, July 10, 2014.

39 Fareed Zakaria, "New consensus on value of trade, US is the odd
man out." *Newsweek*, October 22, 2007(https://bit.ly/3tT7yat)에서 발
췌. 자카리아가 보도한 주제는 Pew Institute, *World Publics Welcome
Global Trade—But Not Immigration*, 47—Nation Pew Global

Attitudes Survey October 4, 2007(https://pewrsr.ch/3eyGGpL)의 보고서.

40 신경과학자 데이비드 린덴의 비유를 설명하는 이 인용문은 Joel Levy (2018), *The Big Book of Science: Facts, Figures, and Theories to Blow Your Mind*(New York: Chartwell Books), p. 198(https://bit.ly/2QY1vTx)에서 발췌했다. 이 책은 흥미로운 숫자 번역으로 가득 차 있다. 조엘 레비Joel Levy는 뛰어난 안목을 지녔으며 매력적인 그래픽을 사용한다. 중고등학생에게 "기네스북"과 같은 경이로움을 보여주고 이 세계에 대해 중요한 사실들을 배우게 하고 싶다면 이 책을 사라.

4장 | 숫자를 미니어처로 만들어라

길을 잃지 않도록 지도를 그려라

1 Michael Blastland and David Spiegelhalter(2014), *The Norm Chronicles: Stories and Numbers About Danger and Death.* (New York: Basic Books) p 15. (https://bit.ly/32RjnlC)의 사례 연구.

2 브라이언 지크먼드—피셔Brian Zikmund—Fisher가 28세의 대학원생이었을 때 골수이식 여부를 결정한 사례 연구에서 나온 것이다. 그는 수술에서 살아남았고, 현재는 미시간대학교 의과대학 교수로 재직하며 위험 커뮤니케이션 등을 가르치고 있다. Chip Heath and Dan Heath(2013), *Decisive: How to Make Better Choices in Life and Work*(New York: Crown Business). pp. 120–26.

시간 지도가 가장 좋은 지도다

3 칼 세이건이 텔레비전 다큐멘터리 시리즈 〈코스모스〉에서 우주의 역사를
1년으로 압축했을 때 "우주 달력"의 빅뱅은 1월 1일에 발생했다(https://bit.
ly/3tXlBfu). 은하수는 5월이 되어서야 생겨났고, 태양과 지구는 9월 중순
에 탄생했다. 생명체는 그 후로 몇 달 동안 꾸준히 진화했으며 최초의 인
류는 12월 말에나 등장했다. 어떤 시간 척도를 사용하든 요점은 분명하
다. 인류는 아주 아주 최근에야 우주에 나타났으며 우리의 기록된 역사(약
5000년 전으로 거슬러 올라가는)는 지금껏 일어난 일 가운데 아주 작은 부분
이라는 것이다.

다루기 쉬운 미니어처를 만들어라

4 이 계산은 예상보다 훨씬 어려웠다. 유권자가 세금으로 얼마나 많은 금액
을 납부하고 있고 다양한 정부 프로그램에 얼마나 많은 돈이 사용되고 있
는지 전체 그림을 보여주는 단일한 출처를 찾을 수 없었기 때문이다. 이
페이지에 필요한 데이터를 여기저기서 긁어모으기 위해 숙련된 연구원
이 5명이나 필요했는데, 예산에 대한 종합적이고 전국적인 대화를 나누
려면 또 얼마나 힘들겠는가? 또한 우리는 관련 자료에 대해 노스캐롤라이
나의 예산 책임자이며 듀크대학교 공공정책대학원에서 공공예산 편성에
대해 가르치는 훌륭한 리 로버츠Lee Roberts의 도움도 받았다. 우리가 찾
은 최고의 요약 자료는 미국 의회 예산국Congressional Budget Office(https://bit.
ly/3ey3Ooj)에서 가져온 것이다.

2018년 총예산은 4조 1,000억 달러였다.

사회보장제도에 9,820억 달러(24%)

메디케어(5,820억달러) + 메디케이드(3,890억달러)에 9710억 달러(24%)

국가 부채 이자 3,250억 달러(8%)

다 합쳐 국가 연간 예산의 절반 이상이 위의 세 가지 범주에 배분되고 있다. 이 세 가지 범주는 때로 '비재량적' 지출이라고도 불리는데, 단기적으로는 변화할 수 없으나 중장기적으로는 변화할 수 있음을 가리킨다. 한편 '재량적' 지출에는 두 가지 범주가 있다.

국방비 6,230억 달러(16%)

비국방 재량 지출 6,390억 달러(16%)

가장 흥미로운 건 마지막 카테고리다. "비국방 재량" 지출은 예산의 16%에 불과하지만 여기에는 NASA 우주 비행, FDA 육류 검사, FBI 수사, FAA 항공교통 관제 등 우리가 국가 차원에서 '정부의 일'이라고 생각하는 거의 모든 직무가 포함되어 있다. 다음은 이 범주에 속하는 몇 가지 비용들이다.

고등교육 1,200억 달러 투자(3.6%)

SNAP(푸드 스탬프) 및 기타 식료품 지원 680억 달러(1.7%)

국립공원 32억 6,000만 달러(0.08%)

NASA에 190억 달러(0.46%)

위에서 검토한 숫자를 합산해도 4조 1,000억 달러에는 못 미친다. 군인 및 공무원의 퇴직 연금과 일부 퇴역군인의 보훈 수당을 비롯해 몇 가지 유형의 "기타" 비용이 존재하기 때문이다.

5 상징적인 축구팀에 관한 출처는 Stephen Covey(2004), *The 8th Habit: From Effectiveness to Greatness*(New York: Simon & Schuster).

나가며

1 원래 제목은 장난조로 비꼬는 것이었지만(원제는 "통계로 거짓말하는 법"이다—옮긴이) 알렉스 라인하트_{Alex Reinhart}의 2014년 기사 "Huff and Puff"에서 자세히 밝힌 것처럼, 아이러니하게도 허프는 나중에 담배 업체로부터 돈을 받고 통계로 거짓말을 했다는 사실이 발각되었다.

옮긴이 박슬라

연세대학교에서 영문학과 심리학을 전공했으며, 현재 전문 번역가로 활동하고 있다. 옮긴 책으로 『순간의 힘』, 『부자 아빠의 투자 가이드』, 『페이크』, 『리치 우먼』, 『돈의 법칙』, 『숫자는 거짓말을 한다』, 『내러티브 경제학』 등이 있다. 함께 옮긴 책으로 『스틱!』이 있다.

넘버스 스틱!

초판 1쇄 발행 2022년 9월 23일
초판 3쇄 발행 2024년 10월 21일

지은이 칩 히스 · 칼라 스타
옮긴이 박슬라

발행인 이봉주 **단행본사업본부장** 신동해
편집장 김예원 **책임편집** 정다이
표지 디자인 오필민 **본문 디자인** 데시그 신정난 **교정** 정일웅
마케팅 최혜진 백미숙 **홍보** 반여진 허지호 송임선
제작 정석훈 **국제업무** 김은정 김지민

브랜드 웅진지식하우스
주소 경기도 파주시 회동길 20
문의전화 031-956-7362(편집) 031-956-7129(마케팅)

홈페이지 http://www.wjbooks.co.kr
인스타그램 www.instagram.com/woongjin_readers
페이스북 www.facebook.com/woongjinreaders
블로그 blog.naver.com/wj_booking
발행처 ㈜웅진씽크빅
출판신고 1980년 3월 29일 제406-2007-000046호

한국어판 출판권 ©㈜웅진씽크빅, 2022
ISBN 978-89-01-26464-6 03320